Sontag | Standpunkt beziehen

[Was bedeutet das alles?]

Susan Sontag

Standpunkt beziehen

Fünf Essays

Reclam

10. Auflage

RECLAMS UNIVERSAL-BIBLIOTHEK Nr. 19372
2016 Philipp Reclam jun. Verlag GmbH,
Siemensstraße 32, 71254 Ditzingen
info@reclam.de
Gestaltung: Cornelia Feyll, Friedrich Forssman
Druck und Bindung: Elanders Waiblingen GmbH,
Anton-Schmidt-Straße 15, 71332 Waiblingen
Printed in Germany 2025
RECLAM, UNIVERSAL-BIBLIOTHEK und
RECLAMS UNIVERSAL-BIBLIOTHEK sind eingetragene Marken
der Philipp Reclam jun. GmbH & Co. KG, Stuttgart
ISBN 978-3-15-019372-3
reclam.de

Inhalt

Gegen Interpretation 7
Über Schönheit 23
Der 11. 9. 01 35
Fotografie. Eine kleine Summa 38
Das Foltern anderer betrachten 42

Textnachweise 59
Zu Autorin und Werk 60

Inhalt ist der flüchtige Eindruck von etwas, eine blitzartige Begegnung. Er ist wenig – sehr wenig, der Inhalt.
Willem de Kooning in einem Interview

Nur oberflächliche Menschen urteilen nicht nach dem äußeren Erscheinungsbild. Das Geheimnis der Welt ist das Sichtbare, nicht das Unsichtbare.
Oscar Wilde in einem Brief

Gegen Interpretation

1

Das früheste *Erlebnis* der Kunst muß ihr Erlebnis als Mittel der Beschwörung, der Magie gewesen sein; die Kunst war ein Instrument des Rituals. (Vergleiche die Höhlenmalereien von Lascaux, Altamira, Niaux, La Pasiega und so weiter.) Die früheste *Theorie* der Kunst, die der griechischen Philosophen, forderte die Kunst als Mimesis, als Nachahmung der Wirklichkeit.

An diesem Punkt stellte sich zwangsläufig die Frage nach dem *Wert* der Kunst. Denn die mimetische Theorie fordert schon durch ihre Begriffe die Kunst auf, sich zu rechtfertigen.

Es scheint, als habe Plato diese Theorie, die auf ihn zurückgeht, entworfen, um damit den Wert der Kunst grundsätzlich in Frage zu stellen. Da nach seiner Vorstellung die gewöhnlichen körperlichen Gegenstände selbst mimetische Objekte waren, konnte für ihn auch die gelungenste bildliche Darstellung eines Bettes nur Nachahmung einer Nachahmung sein. Für Plato ist Kunst weder besonders nützlich (auf der bildlichen Darstellung eines Bettes kann man nicht schlafen) noch im strengen Sinne wahr. Und auch Aristoteles' Argumente zur Verteidigung der Kunst widerlegen im Grunde nicht Platos Standpunkt, daß alle Kunst wohldurchdachtes *trompe l'œil* und mithin Lüge ist. Was er freilich anzweifelt, ist Platos Gedanke von der Nutzlosigkeit der Kunst. Mag die Kunst lügen oder nicht, ein gewisser Wert kommt ihr nach Aristoteles dennoch zu: ein Wert therapeutischer Art. Die Kunst ist, so argumentiert er, letztlich doch nützlich; sie ist nützlich in einem medizinischen Sinne, da sie gefährliche Emotionen zutage fördert und läutert.

Bei Plato wie bei Aristoteles geht die Theorie der Kunst als Mimesis Hand in Hand mit der Vorstellung, daß Kunst stets figurativ ist. Aber die Fürsprecher der Mimesis-Theorie brauchen ihre Augen nicht vor der dekorativen und der abstrakten Kunst zu schließen. Der Irrtum, daß Kunst notwendigerweise mit »Realismus« identisch ist, kann modifiziert oder über Bord geworfen werden, ohne daß man sich je außerhalb der Grenzen bewegt, die durch die mimetische Theorie abgesteckt sind.

Tatsache ist, daß alles westliche Kunstbewußtsein und Reflektieren über die Kunst sich bis heute an der geschriebenen Theorie der mimetischen oder gegenständlichen Kunst orientiert hat. Diese Theorie ist es, die die Kunst als solche – jenseits des einzelnen Kunstwerks – problematisch, verteidigungsbedürftig macht. Und diese Verteidigung der Kunst wiederum ist es, die zu der merkwürdigen Betrachtungsweise führt, die das, was wir als »Form« zu bezeichnen gelernt haben, scharf trennt von dem, was man uns »Inhalt« zu nennen gelehrt hat, und die überdies dem Inhalt die wesentliche, der Form hingegen nur beiläufige Bedeutung zuerkennt.

Selbst in moderner Zeit, da die meisten der Künstler und Kritiker die Naturnachahmungstheorie zugunsten einer Theorie aufgegeben haben, nach der die Kunst subjektiver Ausdruck ist, wird die entscheidende Forderung der mimetischen Theorie weiterhin anerkannt. Ob wir das Kunstwerk als Bild begreifen (Kunst als Abbild der Wirklichkeit) oder als Aussage (Kunst als die Aussage des Künstlers): der Primat des Inhalts bleibt gewahrt. Dieser Inhalt mag sich geändert haben. Er mag heute weniger figurativ, weniger eindeutig realistisch sein. Immer noch gilt die Vorstellung, daß das Kunstwerk mit seinem Inhalt identisch ist. Oder wie man sich derzeit gewöhnlich ausdrückt: daß das Kunstwerk per definitionem etwas aussagt. (»Was X meint, ist ...«, »Was X sagen will, ist ...«, »Was X meinte, ist...« und so weiter und so weiter.)

2

Niemand von uns kann jemals jenen Stand der Unschuld vor aller Theorie wiedererlangen, da die Kunst noch nicht die Notwendigkeit der Selbstrechtfertigung kannte, da man nicht danach fragte, was ein Kunstwerk *aussagte*, weil man wußte (oder zu wissen glaubte), was es *bewirkte*. Solange wir ein Bewußtsein haben, fällt uns deshalb die Aufgabe zu, die Kunst zu verteidigen. Uns bleibt lediglich die Möglichkeit, gegen das eine oder andere Mittel der Verteidigung Bedenken zu erheben. Ja, wir haben die Pflicht, uns von jedem Mittel zur Verteidigung und Rechtfertigung der Kunst zu trennen, das zu stumpf, zu schwerfällig für die zeitgenössischen Bedürfnisse und Verfahrensweisen wird.

Das ist gegenwärtig der Fall bei dem Begriff des Inhalts selbst. Was immer er in der Vergangenheit bedeutet haben mag: heute ist er in erster Linie ein Hindernis, eine Last, eine subtile oder auch weniger subtile Philisterei.

Wenngleich die derzeitige Entwicklung in vielen Kunstgattungen von der Vorstellung wegzuführen scheint, daß ein Kunstwerk primär aus seinem Inhalt besteht, bleibt diese Vorstellung dennoch weiterhin vorherrschend. Das hat, wie ich meine, seinen Grund darin, daß sie in Gestalt einer bestimmten Art der Betrachtung von Kunstwerken fortwirkt, die in der

Mehrzahl der Menschen, die irgendeine Kunst ernst nehmen, tief verwurzelt ist. Diese Überbetonung des Inhaltsbegriffs bringt das ständige, nie erlahmende Streben nach *Interpretation* mit sich. Und umgekehrt festigt die Gewohnheit, sich dem Kunstwerk in interpretierender Absicht zu nähern, die Vorstellung, daß es tatsächlich so etwas wie den Inhalt eines Kunstwerks gibt.

3

Natürlich spreche ich nicht von Interpretation in jenem weitesten Sinne, in dem Nietzsche das Wort gebraucht, wenn er (zu Recht) sagt, es gäbe keine Fakten, es gäbe nur Interpretationen. Unter Interpretation verstehe ich hier vielmehr einen Bewußtseinsakt, der einen bestimmten Kodex, bestimmte »Regeln« der Interpretation veranschaulicht.

Auf die Kunst bezogen bedeutet Interpretation das Herausgreifen einer Reihe von Elementen (das X, das Y, das Z und so weiter) aus dem Werkganzen. Die Arbeit der Interpretation ist im Grunde eine Übersetzungsarbeit. Der Interpret sagt: Schaut her, seht ihr nicht, daß X in Wirklichkeit A ist – oder bedeutet? Daß Y in Wirklichkeit B ist? Daß Z in Wirklichkeit C ist?

Welche Situation konnte dieses merkwürdige Verlangen nach Umformung des Textes wecken? Die Geschichte liefert uns das Material zur Beantwortung dieser Frage. Die ersten Beispiele einer Interpretation tauchen in der Kultur der spätklassischen Antike auf, zu einer Zeit also, da die Kraft und Glaubhaftigkeit des Mythos durch die »realistische« Betrachtung der Welt, die eine naturwissenschaftliche Aufklärung mit sich gebracht hatte, gebrochen waren. War die Frage, die das nachmythische Bewußtsein bewegt – die Frage nach der Stimmigkeit der religiösen Symbole –, einmal gestellt, dann waren die Texte des Altertums in ihrer ursprünglichen Form nicht mehr tragbar. Damals griff man zur Interpretation und brachte auf diese Weise die alten Texte mit den »modernen« Ansprüchen in Einklang. So allegorisierten die Stoiker, ihrer Vorstellung von der moralischen Lauterkeit der Götter entsprechend, die derben Züge hinweg, die Zeus und seinem ungestümen Clan in Homers Epen eigen sind. Was Homer mit dem Ehebruch des Zeus mit der Leto zum Ausdruck bringen wollte, so erklärten sie, war die Vereinigung von Macht und Weisheit. Auf die gleiche Weise interpretierte Philo von Alexandria die wahrheitsgetreuen historischen Geschichten der hebräischen Bibel als religiöse Paradigmen. Die Geschichte vom Auszug aus Ägypten, von der vierzigjährigen Wanderung durch die Wüste und dem Einzug ins Gelobte Land deutet Philo als Allegorie der Befreiung, der Leiden und der Erlösung der Einzelseele. Die Interpretation basiert demnach auf einer Diskrepanz zwischen der offensichtlichen Bedeutung des Textes und den Ansprüchen des (späteren) Lesers. Die Situation ist die folgende: aus irgendeinem Grunde ist ein Text unannehmbar geworden; dennoch kann er nicht fallengelassen werden. Die Interpretation ist eine radikale Taktik der Konservierung eines alten Textes, der für zu kostbar gehalten wird, als daß er einfach abgelehnt werden könnte, und der deshalb neu aufpoliert wird. Der Text wird durch den Interpreten nicht wirklich ausgelöscht oder neu geschrieben, wohl aber verändert. Freilich kann er das nicht offen zugeben. Er gibt vor, ihn nur verständlich zu machen, indem er seine wahre Bedeutung aufdeckt. Bis zu welchem Grade die Interpreten den Text auch ändern (ein anderes nur zu bekanntes Beispiel sind die »religiösen« Deutungen des eindeutig erotischen Hohelieds Salomons durch Rabbiner und Christen): sie müssen den Anspruch erheben, einen Sinn daraus abzulesen, der bereits vorgegeben ist.

In unserer Zeit ist die Interpretation sogar noch komplexer. Denn die zeitgenössische Begeisterung für die Interpretation hat ihren Grund häufig nicht in der Ehrfurcht vor dem beschwerlichen Text (hinter der sich ein aggressives Element verbergen könnte), sondern in einer offenen Aggressivität, einer offenkundigen Verachtung des äußeren Erscheinungsbildes. Die Interpretation alten Stils war hartnäckig, aber respektvoll; sie errichtete über der tatsächlichen Bedeutung eine neue Bedeutung. Die Interpretation im modernen Stil gräbt aus; und im Akt der Ausgrabung zerstört sie; sie gräbt sich »hinter« den Text, gleichsam um den Untertext freizulegen, der für sie der eigentliche Text ist. Die meistgepriesenen und einflußreichsten modernen Lehren, die von Marx und Freud, laufen letztlich auf ein wohldurchdachtes hermeneutisches System hinaus, auf aggressive und pietätlose Interpretationstheorien. Alle wahrnehmbaren Phänomene werden, wie Freud sagt, als *manifester* Inhalt klassifiziert. Dieser manifeste Inhalt muß untersucht und beiseite geräumt werden, damit die wahre Bedeutung – der *latente* Inhalt – darunter sichtbar wird. Für Marx sind gesellschaftliche Phänomene wie Revolutionen und Kriege, für Freud Phänomene des individuellen Lebens (wie neurotische Symptome und Ausrutscher der Zunge) ebenso wie Texte (zum Beispiel der Traum oder das Kunstwerk) Anlaß zur Interpretation. Ja, all dies gewinnt erst seinen Sinn durch Interpretation. Verstehen heißt interpretieren. Und interpretieren heißt das Phänomen neu formulieren, letztlich ein Äquivalent für das Phänomen finden.

Daher ist Interpretation nicht (wie die meisten glauben) ein absoluter Wert, eine Geisteshaltung im zeitlosen Bereich der Fähigkeiten. Die Interpretation muß im Rahmen einer historischen Prüfung des menschlichen Bewußtseins selbst bewertet werden. In manchen kulturellen Umgebungen ist die Interpretation ein befreiender Akt. In anderen kulturellen Zusammenhängen ist sie reaktionär, trivial, erbärmlich, stickig.

4

Heute erleben wir eine solche Zeit, in der interpretatorische Unternehmungen größtenteils reaktionär, stickig sind. Wie die Abgase der Autos und der Schwerindustrie, die die Luft der Städte verunreinigen, vergiftet heute der Strom der Kunstinterpretationen unser Empfindungsvermögen. In einer Kultur, deren bereits klassisches Dilemma die Hypertrophie des Intellekts auf Kosten der Energie und der sensuellen Begabung ist, ist Interpretation die Rache des Intellekts an der Kunst.

Mehr noch. Sie ist die Rache des Intellekts an der Welt. Interpretieren heißt die Welt arm und leer machen – um eine Schattenwelt der »Bedeutungen« zu errichten. Es heißt, *die* Welt in *diese* Welt verwandeln. (»Diese« Welt! Als ob es eine andere gäbe).

Die Welt, unsere Welt, ist leer und verarmt genug. Weg mit all ihren Duplikaten, bis wir wieder unmittelbarer erfassen, was wir haben.

5

In den modernsten Fällen läuft die Interpretation auf die philisterhafte Weigerung hinaus, die Finger von der Kunst zu lassen. Wirkliche Kunst hat die Eigenschaft, uns nervös zu machen. Indem man das Kunstwerk auf seinen Inhalt reduziert und diesen dann interpretiert, zähmt man es. Die Interpretation macht die Kunst manipulierbar, bequem.

Dieses interpretatorische Philistertum ist in der Literatur stärker verbreitet als in jeder anderen Kunstgattung. Schon seit Jahrzehnten haben es Literaturkritiker als ihre Aufgabe betrachtet, die Elemente des Gedichts, des Dramas, des Romans oder der Erzählung in etwas anderes zu übersetzen. Manchmal ist dem Schriftsteller angesichts der nackten Kraft seiner Kunst so unbehaglich zumute, daß er – ein wenig schüchtern freilich und mit einem Anflug wohltuender Ironie – in das Werk selbst seine klare und ausdrückliche Interpretation einbaut. Thomas Mann ist ein Beispiel für diesen allzu entgegenkommenden Autorentyp. Bei widerspenstigeren Autoren ist der Kritiker nur zu gern bereit, die Arbeit zu übernehmen.

Das Werk Kafkas zum Beispiel ist zum Opfer einer Massenvergewaltigung durch nicht weniger als drei Armeen von Interpreten geworden. Diejenigen, die Kafkas Werk als soziale Allegorie lesen, sehen in ihm Fallstudien der Frustration und des Irrsinns der modernen Bürokratie. Diejenigen, die es als psychoanalytische Allegorie lesen, sehen in ihm den verzweifelten Ausdruck von Kafkas Angst vor dem Vater, seiner Kastrationsangst, seines Gefühls der eigenen Impotenz, seiner Traumhörigkeit. Diejenigen schließlich, die sein Werk als religiöse Allegorie lesen, erklären, daß K. in *Das Schloß* Zugang zum Himmel sucht, daß Josef K. in *Der Prozeß* von der unerbittlichen und geheimnisvollen Gerechtigkeit Gottes gerichtet wird ... Ein anderes Œuvre, das Interpreten wie Blutegel angezogen hat, ist das von Samuel Beckett. Becketts komplexe Dramen des introvertierten Bewußtseins – auf das Wesentliche reduziert, isoliert, oft als physisch immobilisiert dargestellt – werden als Aussage über die Entfremdung des modernen Menschen von Sein und Gott oder als Allegorie der Psychopathologie gelesen.

Proust, Joyce, Faulkner, Rilke, Lawrence, Gide – man könnte Autor um Autor nennen; die Liste derer, an denen sich eine dicke Kruste von Interpretationen abgesetzt hat, ist endlos. Aber es sollte angemerkt werden, daß die Interpretation nicht einfach nur die Verbeugung der Mittelmäßigkeit vor dem Genie ist. Sie stellt in der Tat die moderne Weise des Verstehens dar, und sie wird auf Werke jeder Qualität angewandt. So wird in den Anmerkungen, die Elia Kazan zu seiner Verfilmung von *A Streetcar Named Desire* [Endstation Sehnsucht] veröffentlicht hat, deutlich, daß Kazan, um das Drama inszenieren zu können, entdecken mußte, daß Stanley Kowalski das sinnliche und rachsüchtige Barbarentum repräsentierte, während Blanche Du Bois die westliche Zivilisation war, Dichtung, elegante Kleidung, schwache Beleuchtung, verfeinertes Gefühl und so weiter – wenn auch alles ein wenig verstaubt. Damit wurde Tennessee Williams' kraftvolles psychologisches Melodrama verständlich: es war ein Drama *über* etwas, nämlich über den Untergang der westlichen Zivilisation. Offenbar wäre es nicht handlich genug, wenn es weiterhin nichts als ein Stück über einen brutalen Beau namens Stanley Kowalski und eine verblichene, lädierte Belle namens Blanche Du Bois wäre.

6

Es spielt keine Rolle, ob die Künstler wollen oder nicht wollen, daß ihre Werke interpretiert werden. Vielleicht glaubt Tennessee Williams selbst, daß Kazan recht hat mit seiner Deutung von *A Streetcar Named Desire*. Es mag sein, daß Cocteau die auf Freudsche Symbolik und Gesellschaftskritik ausgerichteten, kunstvollen Auslegungen seiner Filme *Le sang d'un poète* und *Orphée* [Orpheus] gewollt hat. Aber das Verdienst dieser Werke liegt sicherlich nicht in ihrer »Bedeutung«. Ja, Williams' Stücke und Cocteaus Filme sind genau in dem Maße mangelhaft, unaufrichtig, ersonnen, unüberzeugend, in dem sie derlei ominöse Bedeutungen suggerieren.

Aus verschiedenen Interviews läßt sich schließen, daß Resnais und Robbe-Grillet *L'année dernière à Marienbad [Letztes Jahr in Marienbad]* bewußt so konzipierten, daß der Film eine Vielzahl von gleichermaßen einleuchtenden Deutungen zuläßt.

Dennoch sollte man der Versuchung, ihn zu interpretieren, widerstehen. Das Entscheidende in *Marienbad* sind die reine, unübersetzbare sinnliche Unmittelbarkeit einiger Bilder dieses Films und die rigorosen, wenngleich begrenzten Lösungen, die er für gewisse Probleme der filmischen Form anzubieten hat.

Ingmar Bergman mag den Panzer, der in *Das Schweigen* durch die leere nächtliche Straße rasselt, als Phallussymbol gedacht haben. Wenn das so ist, dann war es ein törichter Einfall. (»Traue nie dem Erzähler, traue der Erzählung«, hat Lawrence gesagt.) Als brutales Objekt betrachtet, als unmittelbares sensorisches Äquivalent zu den geheimnisvollen Vorgängen im Hotel, ist die Szene mit dem Panzer die eindrucksvollste des ganzen Films. Jene Interpreten, die nach der Freudschen Deutung des Panzers greifen, demonstrieren damit nichts anderes als ihren Mangel an Sinn für das, was auf der Leinwand vor sich geht.

Interpretationen dieses Typs deuten stets auf eine (bewußte oder unbewußte) Unzufriedenheit mit dem Werk hin, auf den Wunsch, es durch etwas anderes zu ersetzen.

Eine Interpretation, die von der höchst zweifelhaften Theorie ausgeht, daß ein Kunstwerk aus inhaltlichen Komponenten zusammengesetzt ist, tut der Kunst Gewalt an. Sie macht die Kunst zum Gebrauchsgegenstand, der sich in ein geistiges Schema von Kategorien einordnen läßt.

7

Natürlich trägt die Interpretation nicht immer den Sieg davon. Als Motivation eines Großteils der Gegenwartskunst kann geradezu die Flucht vor der Interpretation genannt werden. Um der Interpretation aus dem Wege zu gehen, kann die Kunst zur Parodie werden. Aus dem gleichen Grunde kann sie abstrakt, (»bloß«) dekorativ oder zur Nicht-Kunst werden.

Die Flucht vor der Interpretation scheint besonders ausgeprägt in der modernen Malerei. Abstrakte Kunst ist der Versuch, keinen Inhalt im gewöhnlichen Sinn zu haben; da sie keinen Inhalt hat, kann es auch keine Interpretation geben. Pop Art erreicht mit entgegengesetzten Mitteln das gleiche Resultat; indem sie einen so marktschreierischen Inhalt wählt, ist auch sie letztlich nicht interpretierbar.

Nicht anders hat sich – seit den großen Versuchen in der französischen Dichtung (zu denen auch die Experimente jener Bewegung gehören, die mißverständlicherweise Symbolismus genannt wird), im Gedicht dem Schweigen seinen Ort zu geben und das *magische* Wort wieder einzuführen – ein großer Teil der modernen Lyrik dem rauhen Zugriff der Interpreten entzogen. Die jüngste Geschmacksrevolution in der zeitgenössischen Lyrik – jene Revolution, die Eliot entthront und Pound auf den Schild gehoben hat – stellt eine Abwendung vom Inhalt im hergebrachten Sinne in der Dichtung dar; sie ist der Ausdruck der Unzufriedenheit mit dem, was die moderne Lyrik zum Opfer des Interpreteneifers gemacht hat.

Ich habe natürlich vor allem die Situation in Amerika im Auge. Hier nimmt die Interpretation in jenen Kunstgattungen überhand, die sich durch eine schwache und unbedeutende Avantgarde auszeichnen: im Roman und im Drama. Die meisten amerikanischen Romanautoren und Dramatiker sind im Grunde entweder Journalisten oder Sonntagssoziologen und -psychologen. Sie schreiben das literarische Gegenstück zur Programmusik. Und der Sinn für die *formalen* Möglichkeiten des Romans und des Dramas ist stets so rudimentär, stumpf und träge, daß der Inhalt selbst dann, wenn er über die bloße Information und Berichterstattung hinausgeht, merkwürdig sichtbar, greifbar und exponiert ist. In dem Maße, in dem Roman und Drama (in Amerika) – anders als Lyrik, Malerei und Musik – keinerlei bemerkenswertes Interesse an der Form erkennen lassen, bleiben diese Gattungen der Bedrohung durch die Interpretation ausgesetzt.

Programmatischer Avantgardismus jedoch – der zumeist auf Experimente mit der Form auf Kosten des Inhalts hinausläuft – ist nicht die einzige Verteidigung gegen die Heimsuchung der Kunst durch die Interpretationen. Ich hoffe es zumindest. Denn das würde heißen, daß man die Kunst dazu verurteilte, unentwegt auf der Flucht zu sein. (Es würde überdies die Unterscheidung zwischen Form und Inhalt, die letztlich eine Illusion ist, verewigen.) Theoretisch ist es möglich, den Interpreten auf eine andere Weise zu entgehen, durch Kunstwerke nämlich, deren Oberfläche so geschlossen und klar, deren Impuls so stark und deren Sprache so direkt ist, daß das Werk sein kann ... nun, ganz einfach sein kann, was es ist. Ist das heute praktisch möglich? Im Film, meine ich, ist dieses Prinzip bereits verwirklicht. Daher ist der Film gegenwärtig die lebendigste, erregendste und bedeutendste aller Kunstgattungen. Vielleicht läßt sich die Lebendigkeit einer besonderen Kunstgattung am besten an der Zahl der Fehlerquellen ermessen, die sie sich leisten kann, ohne daß die Qualität des Werkes dadurch entscheidend beeinträchtigt wird. Einige der Filme Bergmans zum Beispiel triumphieren – obgleich sie mit lahmen Botschaften vollgestopft sind, die zur Interpretation geradezu herausfordern – über die prätentiösen Ziele ihres Regisseurs. In *Licht im Winter* und *Das Schweigen* überwindet die Schönheit und die visuelle Differenziertheit der Bilder vor unseren Augen die öde Pseudointellektualität der Story und einiger Dialoge. (Das bemerkenswerteste Beispiel dieser Art der Diskrepanz liefert das Werk von D. W. Griffith.) Gute Filme zeichnen sich stets durch eine Direktheit aus, die uns gründlich von der Interpretationsgier befreit. Viele alte Hollywoodfilme wie die von Cukor, Walsh, Hawks und zahllosen anderen Regisseuren haben diesen befreienden, antisymbolischen Zug ebenso wie die besten Werke der neuen europäischen Regisseure, zu denen etwa Truffauts *Tirez sur le pianiste [Schießen Sie auf den Pianisten]* und *Jules et Jim [Jules und Jim]*, Godards *A bout de souffle [Außer Atem]* und *Vivre sa vie [Vivre sa vie. Die Geschichte der Nana S.]*, Antonionis *L'Avventura* und Olmis *I Fidanzati [Die Verlobten]* gehören.

Die Tatsache, daß die Filme nicht von Interpreten überrannt worden sind, erklärt sich zum Teil ganz einfach aus der Jugend des Films als Kunst. Sie ist jedoch zugleich auf den glücklichen Umstand zurückzuführen, daß der Film so lange Zeit nichts als Kintopp war, mit anderen Worten, daß er als ein Teil der Massenkultur im Gegensatz zur *hohen* Kultur verstanden wurde und von der Mehrzahl der Menschen mit Verstand unbeachtet blieb. Überdies gibt es im Film neben dem Inhalt immer noch etwas, an das sich die Deuter halten können. Denn der Film verfügt, im Gegensatz zum Roman, über ein Vokabular der Formen, eine entwickelte, komplexe und diskutierbare technische Nomenklatur der Kamerabewegungen, der Lichtschnitte und der Rahmenkomposition, die bei seiner Herstellung ihre Rolle spielt.

8

Welcher Art sind die Kunstkritik und der Kunstkommentar, die wir heute brauchen? Denn ich sage nicht, daß Kunstwerke schlechterdings unbeschreibbar, daß sie nicht zu erläutern sind. Sie können durchaus erläutert werden. Die Frage ist nur: wie? Wie müßte die Kritik aussehen, die dem Kunstwerk diente, statt sich an seinen Platz zu drängen?

Was zunächst vonnöten ist, ist ein verstärktes Interesse für die Form in der Kunst. Während eine übertriebene Betonung des *Inhalts* die Arroganz der Interpretation provoziert, ist eine intensivere und umfassendere Beschreibung der *Form* dazu angetan, diese Arroganz zum Schweigen zu bringen. Was wir brauchen, ist ein Vokabular – ein *be*schreibendes und kein *vor*schreibendes Vokabular – zur Erfassung der Formen.[1] Die beste Kritik ist die, in der inhaltliche Erwägungen mit formalen verschmelzen. (Ein Beispiel für die Formanalyse, die gleichzeitig Gattung und Autor einbezieht, ist Walter Benjamins Aufsatz »Der Erzähler. Betrachtungen zum Werk Nikolai Leskovs«.) Aber ebenso wertvoll sind kritische Versuche, die eine wirkliche präzise, scharfsichtige und liebevolle Beschreibung der äußeren Erscheinungsform eines Kunstwerks bieten. Das jedoch scheint noch schwieriger als eine Formanalyse.

9

Der höchste und befreiendste Wert in der Kunst – und der Kritik – ist heute die *Transparenz*. *Transparenz* meint die Erfahrung der Leuchtkraft des Gegenstandes selbst, der Dinge in ihrem Sosein. Darin liegt zum Beispiel die Größe der Filme Bressons und Ozus und die von Renoirs *La règle du jeu [Die Spielregel]*.

1 Eine der Schwierigkeiten besteht darin, daß unsere Vorstellung von der Form räumlich ist (die griechischen Metaphern für die Form sind ohne Ausnahme von räumlichen Begriffen abgeleitet). Daher verfügen wir eher über ein Formenvokabular für die räumlichen als für die temporalen Künste. Die Ausnahme unter den temporalen Kunstgattungen ist natürlich das Drama; das hat seinen Grund vielleicht darin, daß das Drama eine berichtende (das heißt temporale) Form ist, die sich sichtbar und bildhaft auf der Bühne entfaltet ... Was wir noch nicht haben, ist eine Poetik des Romans, irgendeine klare Vorstellung von der erzählerischen Form. Mag sein, daß der Durchbruch hier in der Filmkritik gelingt, da der Film einerseits vorwiegend eine visuelle Form, andererseits jedoch auch eine literarische Gattung ist.

Irgendwann in der Vergangenheit (sagen wir zur Zeit Dantes) muß es einmal ein revolutionärer und schöpferischer Akt gewesen sein, Kunstwerke zu schaffen, die auf verschiedenen Ebenen erlebt werden konnten. Heute ist das nicht mehr der Fall. Heute wird dadurch ein Prinzip des Übermaßes gefördert, das das größte Problem des modernen Lebens darstellt.

Irgendwann in der Vergangenheit (zu einer Zeit, als hohe Kunst selten war) muß es einmal ein revolutionärer und schöpferischer Akt gewesen sein, Kunstwerke zu interpretieren. Heute ist das nicht mehr der Fall. Was wir sicherlich nicht mehr brauchen, ist die Umsetzung von Kunst in Gedanken oder (was noch schlimmer ist) von Kunst in Kultur. Die Interpretation setzt ein sinnliches Erlebnis des Kunstwerks als selbstverständlich voraus und basiert darauf. Aber dieses sinnliche Erlebnis läßt sich heute nicht mehr ohne weiteres voraussetzen. Man denke allein daran, daß jedem von uns heute ein Vielfaches an Kunstwerken zugänglich ist, dazu die zahllosen widersprüchlichen Geschmacks- und Geruchsempfindungen und die optischen Eindrücke der Stadtschaft, die unsere Sinne bombardieren. Unsere Kultur beruht auf dem Übermaß, der Überproduktion; das Ergebnis ist ein stetig fortschreitender Rückgang der Schärfe unserer sinnlichen Erfahrung. Sämtliche Bedingungen des modernen Lebens – sein materieller Überfluß, seine Überladenheit – bewirken eine Abstumpfung unserer sensorischen Fähigkeiten. Und im Hinblick auf diesen Zustand unserer Sinne, unserer Fähigkeiten (und nicht derer einer anderen Zeit) muß die Aufgabe des Kritikers bestimmt werden.

Heute geht es darum, daß wir unsere Sinne wiedererlangen. Wir müssen lernen, mehr zu sehen, mehr zu hören und mehr zu fühlen.

Es ist nicht unsere Aufgabe, ein Höchstmaß an Inhalt in einem Kunstwerk zu entdecken. Noch weniger ist es unsere Aufgabe, mehr Inhalt aus dem Werk herauszupressen, als darin enthalten ist. Unsere Aufgabe ist es vielmehr, den Inhalt zurückzuschneiden, damit die Sache selbst zum Vorschein kommt.

Das Ziel aller Kommentierung der Kunst sollte heute darin liegen, die Kunst – und analog dazu unsere eigene Erfahrung – für uns wirklicher zu machen statt weniger wirklich. Die Funktion der Kritik sollte darin bestehen aufzuzeigen, wie die Phänomene beschaffen sind, ja selbst, daß sie existieren, aber nicht darin, sie zu deuten.

10

Statt einer Hermeneutik brauchen wir eine Erotik der Kunst.

Über Schönheit

Als Papst Johannes Paul II. im April 2002 zu dem durch die Enthüllung zahlreicher sexueller Übergriffe von katholischen Priestern in den USA ausgelösten Skandal endlich Stellung bezog, sagte er vor den amerikanischen Kardinälen, die er im Vatikan zusammengerufen hatte: »Ein großes Kunstwerk kann man verunstalten, doch seine Schönheit bleibt bestehen; und jede intellektuell redliche Kritik muss die Wahrheit dieses Satzes anerkennen.«

Ist der Vergleich, den der Papst hier zwischen der katholischen Kirche und einem großen – also auch schönen – Kunstwerk zieht, nicht völlig verfehlt? Vielleicht nicht. Denn dieser inhaltsleere Vergleich gestattet es ihm, aus den abscheulichen Verfehlungen etwas zu machen, über das wir hinwegsehen können, das wir – wie die Kratzer auf einer Stummfilmkopie oder das Craquelé auf einem alten Gemälde – automatisch ausblenden. Der Papst liebt hehre Gedanken. Und als Begriff, der (wie der Begriff Gesundheit) etwas unbestreitbar Vorzügliches bezeichnet, ist Schönheit seit eh und je ein probates Mittel, um Werturteilen Nachdruck zu verschaffen.

Dauerhaftigkeit indessen gehört nicht gerade zu den augenfälligen Merkmalen der Schönheit; und oft mischt sich in die kundige Betrachtung der Schönheit jenes tiefe Bedauern, das uns in Shakespeares Sonetten immer wieder begegnet. Traditionelle Feste zur Feier der Schönheit, zum Beispiel das Kirschblütenfest in Japan, sind unverkennbar von Schwermut geprägt; die erregendste Schönheit ist zugleich die flüchtigste. Es bedurfte etlicher theoretischer Basteleien und Begriffsverrenkungen, um aus der Schönheit etwas in gewissem Sinne Unvergängliches zu machen, aber die Idee der Schönheit war einfach zu faszinierend, zu stark, als dass man sie an das Lob überlegener, aber vergänglicher Ausformungen von Schönheit vergeuden wollte. Das Ziel bestand darin, den Begriff zu entfalten, Raum zu schaffen für verschiedene Arten von Schönheit, adjektivisch bestimmte Schönheiten, die sich entsprechend ihrem Wert und ihrer Unverwüstlichkeit in eine Rangordnung bringen ließen, wobei den metaphorischen Spielarten (»geistige Schönheit«, »spirituelle Schönheit«) der Vorrang gegenüber dem eingeräumt wurde, was die Umgangssprache als schön preist – nämlich das, was den Sinnen Freude macht.

Die weniger »erhabene« Schönheit von Gesicht und Körper ist nach wie vor der Schauplatz, wo wir das Schöne am häufigsten suchen. Aber es ist schwer vorstellbar, dass sich der Papst auf die Schönheit in *diesem* Sinne beruft, wenn er angesichts der sexuellen Belästigung von Kindern und ihrer Verschleierung durch Generationen von Klerikern nach entlastenden Formulierungen sucht. Geeigneter scheint da die »höhere« Schönheit der Kunst. Denn auch wenn die Kunst über weite Strecken eine Sache der Oberfläche und der sinnlichen Empfänglichkeit zu sein scheint, hat man ihr doch die Ehrenbürgerschaft im Bezirk der »inneren« (im Gegensatz zur »äußeren«) Schönheit angetragen. Schönheit, so scheint es, ist unwandelbar – zumindest, wenn sie als Kunst daherkommt und also feste Form angenommen hat, denn die Schönheit als Idee, als ewige Idee, verkörpert sich am ehesten in der Kunst. Schönheit (wenn man das Wort in diesem Sinne verwenden will) liegt in der Tiefe, nicht an der Oberfläche; manchmal ist sie verborgen und gerade nicht offensichtlich; sie ist tröstlich, nicht verstörend; sie ist unzerstörbar wie in der Kunst, und nicht kurzlebig wie in der Natur. Schönheit – in ihrer erhabenen Spielart – ist dauerhaft.

*

Die beste Theorie der Schönheit ist ihre Geschichte. Über diese Geschichte nachdenken heißt untersuchen, wie bestimmte Gemeinschaften mit der Schönheit und ihrem Begriff umgegangen sind.

Gemeinschaften, die von ihren Oberhäuptern darauf eingeschworen werden, sich einer als verderblich geltenden Flut innovativer Anschauungen entgegenzustellen, haben kein Interesse daran, den Schutzwall zu schwächen, den ihnen ein auf Anpreisung und Tröstung zielender Begriff von Schönheit bietet. Es überrascht nicht, dass dem Papst und der auf Bewahrung und Selbsterhaltung bedachten Institution, für die er spricht, diese Schönheit so willkommen ist wie die Idee des Guten.

Es war wohl auch unvermeidlich, dass gerade die Schönheit sofort in Misskredit geriet, als vor fast hundert Jahren die auf dem Gebiet der schönen Künste besonders einflussreichen Kreise ihre drastischen Erneuerungprojekte in Angriff nahmen. Schönheit musste den Machern und Verkündern dieses Neuen als konservativer Maßstab erscheinen; Gertrude Stein meinte, wer ein Kunstwerk »schön« nenne, erkläre es für tot. Schön bedeutet seither »bloß« schön – es gibt kein schaleres, spießigeres Kompliment.

Anderswo blieb die Schönheit unangefochten. (Wie denn auch nicht?) Als der notorische Schönheitsliebhaber Oscar Wilde in »Der Verfall der Lüge« schrieb: »Heutzutage spricht zum Beispiel kein wirklich Gebildeter mehr von der Schönheit des Sonnenuntergangs. Sonnenuntergänge sind ganz aus der Mode« – da gerieten die Sonnenuntergänge zwar kurzfristig in Bedrängnis, erholten sich jedoch rasch von dieser Attacke. Nicht so die schönen Künste, als ihnen die Forderung nach Modernität entgegenschallte. Dass die Schönheit aus dem Katalog der Wertmaßstäbe für die Kunst verschwunden ist, bedeutet jedoch nicht, dass Schönheit ihre Autorität verloren hätte. Es zeigt vielmehr: Immer weniger Menschen glauben noch daran, dass es so etwas wie Kunst gibt.

*

Auch als Schönheit noch ein unumstrittener Wertmaßstab in den Künsten war, wurde sie indirekt definiert – durch Verweis auf eine andere Eigenschaft, die das Wesen des Schönen oder seine notwendige Voraussetzung ausmachen sollte. Eine Definition des Schönen war nicht mehr (und nicht weniger) als eine Empfehlung dieses Schönen. So brachte zum Beispiel Lessing mit seiner Gleichsetzung von Schönheit und Harmonie eine zweite allgemeine Idee von etwas, das vorzüglich oder erstrebenswert sei, ins Spiel.

Da eine strenge Definition von Schönheit offenbar nicht existierte, nahm man an, es gebe ein bestimmtes Organ oder eine bestimmte Fähigkeit für die Wahrnehmung von Schönheit (das heißt, von Wert) in der Kunst – den »Geschmack«; und außerdem einen Kanon von Werken, die von Leuten mit »gutem« Geschmack, von »Kennern«, die nach Erlesenem Ausschau hielten, für wertvoll befunden wurden. Denn in der Kunst, so glaubte man, war Schönheit – anders als im Leben – nicht notwendigerweise offenkundig, evident, augenfällig.

Mit dem »Geschmack«, auch wenn er zu Phasen großer Einmütigkeit in den Kreisen der Kunstliebhaber führte, war allerdings das Problem verbunden, dass er auf privaten, unmittelbaren, widerruflichen Haltungen zur Kunst gründete. Und mochte die Übereinstimmung noch so groß sein – sie blieb stets lokal. Um diesem Mangel abzuhelfen, entwickelte der große »Universalisierer« Kant die Vorstellung von einer besonderen Fertigkeit, einer »Urteilskraft«, die auf klar umrissenen allgemeinen und stets gültigen Prinzipien beruhen sollte; der

Geschmack und die Vorlieben, die vor dieser Urteilskraft Bestand hatten, sollten Gemeinbesitz aller sein. Aber auch die »Urteilskraft« erreichte nicht die beabsichtigte Wirkung, den »Geschmack« nachprüfbar abzusichern oder in gewissem Sinne zu demokratisieren. Das prinzipiengeleitete Urteil ließ sich auf wirkliche, als bedeutend und schön geltende Kunstwerke nur schwer anwenden, da es mit ihnen nur sehr schwach und indirekt verbunden war – anders als der geschmeidigere empirische Geschmack. Und heutzutage ist der Begriff des Geschmacks noch viel schwächer und angreifbarer als im ausgehenden 18. Jahrhundert. *Wessen* Geschmack soll maßgeblich sein? Oder frecher formuliert: Wer hat das Sagen?

Mit dem Aufkommen des Relativismus im Bereich der Kultur gerieten die alten Urteile immer mehr unter Druck, und die Definitionen – oder Wesensbestimmungen – von Schönheit wurden immer inhaltsärmer. Schönheit konnte nicht mehr als etwas Konkretes begriffen werden wie die Harmonie. Für Paul Valéry besteht das Wesen der Schönheit gerade darin, dass sie sich nicht definieren lässt; Schönheit ist nun das »Unsagbare«.

Im Versagen des Schönheitsbegriffs spiegelt sich der Ansehensverlust, den die Urteilskraft selbst als interesselose oder objektive, nicht irgendwelchen privaten Interessen oder Zwecken dienstbare Instanz erleidet. Es spiegelt sich darin auch, wie bestimmte bipolare Diskurse innerhalb der Kunst in Misskredit geraten. Schönheit definiert sich aus dem Gegensatz zum Hässlichen. Wenn man nicht bereit ist, etwas hässlich zu nennen, kann man auch nichts als schön bezeichnen. Es entstehen heutzutage aber immer mehr Tabus, die es verbieten, etwas als hässlich zu bezeichnen. (Wer nach einer Erklärung hierfür sucht, sollte nicht zuerst auf das Aufkommen der sogenannten Political Correctness blicken, sondern zunächst auf die Entwicklung der Ideologie des Konsumismus und dann auf das Zusammenwirken dieser beiden.) Es geht nun darum, das Schöne in dem, was bisher nicht als schön wahrgenommen wurde, zu finden (oder: das Schöne im Hässlichen).

Gleichzeitig wächst der Widerstand gegen die Vorstellung von »gutem Geschmack«, das heißt gegen die Dichotomie von gutem und schlechtem Geschmack – außer wenn es darum geht, die Niederlage des Snobismus und den Triumph dessen zu feiern, was er einst herablassend als schlechten Geschmack abgetan hat. Die Vorstellung von gutem Geschmack gilt heute sogar für noch rückständiger als die Idee der Schönheit. Die strenge, schwierige »Moderne« in Kunst und Literatur wirkt heute altmodisch – wie eine Verschwörung von Snobs. Innovation bedeutet jetzt Lockerheit – und die populäre Kunst gibt grünes Licht für alles und jedes. In dem kulturellen Klima, das die benutzerfreundliche Kunst der letzten Jahre begünstigt, wirkt das Schöne entweder als eine Selbstverständlichkeit oder als Anmaßung. So wird gerade in dem, was wir absurderweise unsere Kulturkämpfe nennen, die Schönheit regelmäßig zum Prügelknaben gemacht.

*

Darin, dass Schönheit manchen Dingen eignete und anderen nicht, dass sie ein Unterscheidungskriterium war, lag einst ihre Stärke und ihr Reiz. Schönheit gehörte zur Familie jener Begriffe, die einen Rang begründen, und fügte sich daher gut in eine Gesellschaftsordnung, die sich für Standes- und Klassenunterschiede und für hierarchische Verhältnisse nicht entschuldigen zu müssen glaubte und das Recht, auszuschließen, selbstverständlich in Anspruch nahm.

Was einst ein Vorzug des Begriffs gewesen war, wurde mit der Zeit zur Belastung. Früher schien der Begriff der Schönheit verletzlich, weil er zu allgemein, zu locker, zu durchlässig war, nun hingegen zeigte sich, dass er – im Gegenteil – zu vieles ausschloss. *Discrimination* – die Fähigkeit, Unterschiede zu machen und zu erkennen – war einst positiv besetzt (der Begriff verwies auf kultivierte Urteilsfähigkeit, hohe Maßstäbe und hohe Ansprüche) und verkehrte sich erst später ins Negative: bedeutete nun Vorurteil, Dünkel, Blindheit gegenüber dem, was mit dem Eigenen nicht identisch war.

Die kräftigste und erfolgreichste Attacke gegen die Schönheit wurde im Bereich der Kunst geführt: Schönheit und das Interesse daran seien restriktiv oder, wie es der Zeitjargon nennt, elitär. Unsere Empfehlungen könnten doch so vieles mehr einschließen, wenn wir nicht mehr sagen würden, etwas sei »schön«, sondern es sei »interessant«.

Wenn dann die Leute sagten, ein Kunstwerk sei »interessant«, bedeutete dies natürlich nicht unbedingt, dass sie es mochten. (Und erst recht nicht, dass sie es schön fanden.) Es bedeutete meistens nur, dass sie glaubten, sie sollten es mögen. Oder dass sie irgend etwas daran mochten, obwohl es nicht schön war.

Oder sie bezeichneten etwas als »interessant«, um sich die banale Feststellung zu ersparen, es sei schön. Die Fotografie war die Kunstform, in der »das Interessante« zuerst triumphierte – und zwar von Anfang an: die neue fotografische Sehweise machte aus allem einen möglichen Gegenstand für die Kamera. Das Schöne verfügte nicht über eine solche Spannweite an Gegenständen und geriet als Urteilsmaßstab bald aus der Mode. Über die Aufnahme eines Sonnenuntergangs, eines schönen Sonnenuntergangs, sagte nun jeder, der über ein Minimum an sprachlichem Raffinement verfügte: »Ja, dieses Foto ist interessant.«

*

Aber *was* ist eigentlich interessant? Vor allem das, was zuvor nicht als schön (oder gut) galt. Die Kranken sind interessant, wie Nietzsche bemerkt hat. Die Bösen ebenfalls. Etwas interessant nennen bedeutet, alte Formen oder Ordnungen des Lobens in Frage stellen; solche Urteile wollen als frech oder zumindest originell gelten. Kenner des »Interessanten« – dessen Gegenteil das »Langweilige« ist – schätzen den Zusammenprall, nicht die Harmonie. Der Liberalismus sei langweilig, schrieb Carl Schmitt 1932 in seinem *Begriff des Politischen* (und trat im Jahr darauf der NSDAP bei). Einer Politik, die liberale Grundsätze befolgt, fehlt es an Dramatik, an Würze, an Konflikt, während eine starke, autokratische Politik – und der Krieg – »interessant« sind.

Im Laufe der Zeit hat das »Interessante« als Wertmaßstab natürlich einiges von seinem Grenzen verletzenden Biss verloren. Von der alten Frechheit ist vor allem ihre Geringschätzung gegenüber den Folgen von Handlungen und von Urteilen geblieben. Und was die Frage angeht, ob die Zuschreibung eigentlich zutrifft, so stellt sie sich gar nicht mehr. Man nennt etwas ja gerade interessant, um sich ein Urteil über seine Schönheit (oder seine Güte) zu ersparen. Das Interessante ist jetzt vor allem ein konsumistisches, auf die Ausweitung seines Geltungsbereichs bedachtes Konzept: je mehr Dinge interessant werden, desto größer der Markt. Das »Langweilige« – verstanden als Mangel, als Leere – verweist auf das Mittel, das für Abhilfe sorgt: die wahllosen, leeren Beteuerungen des »Interessanten«. Es ist dies eine seltsam unschlüssige Art von Realitätswahrnehmung.

Um diese reduzierte Inanspruchnahme unserer Wahrnehmung von Wirklichkeit anzureichern, müsste man sich eine »komplette« Vorstellung von Langeweile machen: Depression, Wut (unterdrückte Verzweiflung). Vor diesem Hintergrund ließe sich dann auch eine »komplette« Vorstellung vom Interessanten entwickeln. Aber die Wahrnehmungs- oder Empfindungsweisen, die dabei zum Vorschein kämen, würden wir wahrscheinlich gar nicht mehr »interessant« nennen *wollen*.

*

Schönheit kann ein Ideal anschaulich machen, etwas Vollkommenes. Sie kann aber auch aufgrund ihrer Identifikation mit Frauen (genauer gesagt: mit *der* Frau) die bekannte Ambivalenz auslösen, die aus der uralten Herabsetzung des Weiblichen herrührt. Vieles von dem, was die Schönheit in Misskredit bringt, lässt sich nur vor dem Hintergrund des Gegensatzes zwischen den Geschlechtern verstehen. Auch Misogynie mag zuweilen im Spiel sein, wenn es darum geht, Schönheit ins Metaphorische und damit über die Sphäre des »bloß« Weiblichen, des Unernstes, des Trügerischen hinauszuheben. Frauen werden ihrer Schönheit wegen zwar angebetet. Doch wegen der Sorgfalt, die sie auf die Herstellung oder Bewahrung dieser Schönheit wenden, werden sie auch mit Herablassung gestraft. Schönheit ist theatralisch, es geht um Gesehen- und Bewundertwerden, und mit dem Wort Schönheit assoziiert man Schönheitsindustrie, Schönheitssalons, Schönheitsprodukte und das ganze Theater weiblicher Oberflächlichkeit ebenso wie die Schönheit der Kunst oder der Natur. Wie sonst sollte man die Assoziation der Schönheit – das heißt: der Frauen – mit der Dummheit erklären? Wer sich um die eigene Schönheit kümmert, läuft Gefahr, dass man ihm Narzissmus und Oberflächlichkeit vorwirft. Man denke an all die Schönheitssynonyme – angefangen bei »niedlich« und »hübsch« –, die erst transponiert werden müssen, ehe sie sich auf Männer anwenden lassen.

Obwohl sich Wörter wie »stattlich«, »prächtig« oder »gutaussehend« nicht anders als das Wort »schön« auf die äußere Erscheinung beziehen, wirken sie nüchterner, weniger überschwenglich. Schönheit wird im allgemeinen nicht mit *gravitas* in Verbindung gebracht. So kommt es, dass man einen Band, der uns grauenhafte Bilder von Kriegen und anderen Greueln präsentiert, lieber ein »prächtiges Buch« nennt, wie ich es vor kurzem im Vorwort zu einem Band mit Fotografien von Don McCullin getan habe, weil mir die Formulierung »schönes Buch« (obwohl sie zutraf) angesichts des entsetzlichen Themas unpassend erschien.

*

Im allgemeinen hält man Schönheit für eine ganz und gar »ästhetische« Kategorie, wodurch sie nach Meinung vieler auf Kollisionskurs mit dem Ethischen gerät. Doch selbst in ihrer unmoralischen Spielart kommt die Schönheit nie nackt daher. Und in die Zuschreibung von Schönheit mischen sich stets auch moralische Wertvorstellungen. Das Ästhetische und das Ethische sind keineswegs Gegensätze, wie Kierkegaard und Tolstoi behauptet haben, sondern das Ästhetische selbst ist ein quasimoralisches Projekt. Seit Platon taucht in Überlegungen zur Schönheit immer wieder die Frage nach dem angemessenen Verhältnis zum Schönen (zum unwiderstehlichen, bezaubernden Schönen) auf, das sich aus dem Wesen der Schönheit selbst ergeben soll.

Die übliche Art, Urteile über das Schöne durch moralische Urteile zu kolonisieren, folgt dem alten Verfahren, das die Schönheit in ein bipolares Konzept verwandelt, sie also in eine »innere« und eine »äußere«, eine »höhere« und eine »niedere« Schönheit aufspaltet. Aus der Sicht Nietzsches (oder Oscar Wildes) mag das unangemessen sein, aber mir scheint es unvermeidlich. Und die Weisheit, die einem aus einer intensiven, lebenslangen Beschäftigung mit dem Ästhetischen zufließt, ist, so behaupte ich, durch keine andere Form von Ernsthaftigkeit nachzubilden. Tatsächlich kommen die verschiedenen Definitionen von Schönheit einer plausiblen Bestimmung von Tugend und erfüllter Humanität mindestens so nah wie alle Versuche, das Gute als solches zu definieren.

*

Die Schönheit gehört zur Geschichte der Idealisierung, die ihrerseits in die Geschichte des Trostes gehört. Aber Schönheit tröstet nicht immer. Die Schönheit von Gesicht und Gestalt wühlt auf, unterjocht; diese Schönheit ist herrisch. Die menschliche und die gemachte Schönheit (die Kunst) lösen Besitzphantasien aus. Unser Modell vom interesselosen Wohlgefallen knüpft dagegen an die Schönheit der Natur an – einer fernliegenden, allumfassenden, nicht zu besitzenden Natur.

Hier eine Passage aus einem Brief, den ein deutscher Soldat Ende Dezember 1942 im russischen Winter schrieb:

> Das schönste Weihnachten, das ich je erlebt habe, nur aus uneigennützigen Empfindungen bestehend, ohne kitschiges Drumherum. Ich war allein unter einem riesigen, mit Sternen übersäten Himmel, und ich erinnere mich, wie mir eine Träne an der eiskalten Wange herunterlief, keine Schmerz- und keine Freudenträne, sondern eine Träne des Gefühls, ausgelöst durch dieses intensive Erleben …

Anders als die oft zerbrechliche und flüchtige Schönheit, ist die Fähigkeit, sich von der Schönheit überwältigen zu lassen, erstaunlich robust und überdauert sogar massivste Ablenkungen. Auch der Krieg und selbst die Aussicht auf einen sicher bevorstehenden Tod vermag sie nicht auszulöschen.

*

Die Schönheit der Kunst steht, Hegel zufolge, über der Naturschönheit, weil sie von Menschen gemacht und ein Werk des Geistes ist. Aber auch die Wahrnehmung der Naturschönheit geht auf Traditionen von Bewusstsein und Wahrnehmung, auf Kultur und – mit Hegel zu reden – auf Geist zurück.

Die Reaktionen auf die Kunstschönheit und die Naturschönheit stehen in einer Wechselbeziehung zueinander. Wie Wilde bemerkte, tut die Kunst mehr als uns darin schulen, wie wir Natur wahrnehmen und was wir an ihr wahrnehmen sollen. (Wilde dachte dabei an Dichtung und Malerei. Heute werden die Maßstäbe der Naturschönheit vor allem von der Fotografie gesetzt.) Das Schöne erinnert uns auch an die Natur als solche – an das, was jenseits des Menschlichen und des Gemachten liegt – und weckt und vertieft damit unser Bewusstsein von den Ausmaßen und der Fülle der Wirklichkeit, die uns umgibt – der unbelebten wie der pulsierenden.

Ein erfreuliches Nebenprodukt dieser Einsicht, wenn es denn eine Einsicht ist: die Schönheit gewinnt ihre Festigkeit zurück, ihre Unausweichlichkeit als Urteilsmaßstab, dessen jeder bedarf, um die eigenen Energien, die eigenen Neigungen und das, was ihn mit Bewunderung erfüllt, zu begreifen; die konkurrierenden Begriffe wirken dagegen lächerlich.

Stellen Sie sich vor, jemand würde sagen: »Dieser Sonnenuntergang ist interessant.«

Der 11. 9. 01

Der entsetzten, traurigen Amerikanerin und New Yorkerin, die dies schreibt, scheint Amerika nie weiter von einer angemessenen Wahrnehmung der Realität entfernt gewesen zu sein als angesichts der ungeheuerlichen Dosis Realität vom vergangenen Dienstag. Die Kluft zwischen dem, was geschehen ist, und der Frage, wie es sich vielleicht begreifen lässt, einerseits und dem selbstgerechten Geschwätz, den täuschenden Floskeln andererseits, die nun von fast allen Politikern (eine Ausnahme: Bürgermeister Giuliani) und fast allen Fernsehkommentatoren (eine Ausnahme: Peter Jennings) unter die Leute gebracht werden, ist erschütternd, deprimierend. Es scheint, als hätten sich die zur Kommentierung des Geschehens berufenen Stimmen zusammengetan und eine Kampagne zur Infantilisierung der Öffentlichkeit gestartet. Wo findet sich das Eingeständnis, dass dies kein »feiger« Angriff auf »die Zivilisation« oder »die Freiheit« oder »die Menschheit« oder »die freie Welt« war, sondern ein Angriff auf die selbsternannte Supermacht dieser Erde, unternommen infolge ganz bestimmter Allianzen und Aktionen, auf die Amerika sich eingelassen hat? Wie viele Bürger machen sich klar, dass der Irak weiterhin bombardiert wird? Und was das Wort »feige« angeht, so trifft es auf Leute, die vom Himmel herab und unerreichbar für jegliche Vergeltung töten, wohl eher zu als auf jene, die bereit sind, zu sterben, um andere zu töten. Zur Frage des Mutes (einer moralisch neutralen Tugend) nur dies: was immer man über jene sagen mag, die das Blutbad vom Dienstag angerichtet haben – Feiglinge waren sie nicht.

Unsere Politiker wollen uns einreden, alles sei in Ordnung. Amerika fürchte sich nicht. Wir werden »sie« finden und bestrafen (wer immer »sie« sein mögen). Wir haben einen roboterhaften Präsidenten, der uns versichert, Amerika stehe nach wie vor großartig da. Die verschiedensten Personen des öffentlichen Lebens, die der Außenpolitik der Regierung Bush bisher äußerst kritisch gegenüberstanden, verkünden nun ungeniert nichts weiter, als dass sie zusammen mit dem gesamten amerikanischen Volk, vereint und unerschrocken, hinter Präsident Bush stehen. Reporter berichten, psychologische Betreuungszentren hätten die Arbeit aufgenommen. Irgendwelche grauenerregenden Bilder von dem, was den Leuten widerfahren ist, die im World Trade Center und im Pentagon arbeiteten, bekommen wir selbstverständlich nicht zu sehen. Sie könnten uns entmutigen. Erst am Donnerstag wagten offizielle Sprecher (auch hier war Bürgermeister Giuliani die Ausnahme), Schätzungen über die Zahl der Todesopfer abzugeben.

Man hat uns gesagt, alles sei in Ordnung oder werde bald wieder in Ordnung sein, auch wenn dieser Tag der Niedertracht in die Geschichte eingehen wird und Amerika sich jetzt im Krieg befindet. Aber es ist nicht alles in Ordnung. Und dies war auch kein zweites Pearl Harbor. Man wird gründlich nachdenken müssen – und vielleicht geschieht das ja gerade in Washington und anderswo – über das kolossale Versagen der amerikanischen Nachrichtendienste und der Spionageabwehr, über die Zukunft der amerikanischen Außenpolitik, vor allem der Nahostpolitik, und darüber, wie ein vernünftiges militärisches Verteidigungsprogramm aussehen sollte. Aber offensichtlich haben unsere Politiker – all jene, die ein öffentliches Amt innehaben oder anstreben oder innehatten – mit den wichtigsten Medien als willfährigen Komplizen beschlossen, dass von der Öffentlichkeit nicht verlangt werden soll, die Last der Realität mitzutragen. Es gab eine Zeit, da erschienen uns die einmütig beklatschten, von Selbstlob strotzenden Platitüden sowjetischer Parteikongresse verachtenswert. Die Einmütigkeit der scheinheiligen, realitätsverleugnenden Rhetorik, die fast alle amerikanischen Politiker und politischen Kommentatoren in den letzten Tagen von sich geben, scheint einer reifen Demokratie unwürdig.

Unsere führenden Politiker haben uns zu verstehen gegeben, dass sie ihre Aufgabe als eine manipulative betrachten: Vertrauensbildung und Kummerbewältigung. An die Stelle von Politik, von demokratischer Politik – die Meinungsverschiedenheiten mit sich bringt und sich für das offene Wort einsetzt –, tritt Psychotherapie. Lasst uns nach Kräften gemeinsam trauern. Aber lasst uns nicht gemeinsam dumm sein. Ein paar Funken historischen Bewusstseins können uns helfen, zu verstehen, was da soeben geschehen ist und was noch alles geschehen kann. Wieder und wieder wird uns gesagt: »Unser Land ist stark.« Ich für mein Teil finde das nicht wirklich tröstlich. Wer zweifelt daran, dass Amerika stark ist? Aber Amerika muss mehr sein als stark.

Fotografie
Eine kleine Summa

1. Fotografie ist zuallererst eine Sehweise. Sie ist nicht das Sehen selbst.

2. Sie ist eine durch und durch »moderne« Sehweise – voreingenommen für Entdeckungs- und Innovationsprojekte.

3. Diese Sehweise, die inzwischen eine lange Geschichte hat, formt, wonach wir auf Fotos suchen und was uns auf ihnen auffällt.

4. Die moderne Sehweise ist ein Sehen in Fragmenten. Sie geht davon aus, dass die Wirklichkeit ihrem Wesen nach grenzenlos und die Erkenntnis ein Prozess mit offenem Ende sei. Daraus folgt, dass alle Grenzen, alle vereinheitlichenden Ideen irreführend, demagogisch sein müssen; bestenfalls provisorisch; auf lange Sicht fast immer unwahr. Die Wirklichkeit im Licht bestimmter vereinheitlichender Ideen zu sehen hat den unbestreitbaren Vorteil, dass unsere Erfahrung dadurch Form und Gestalt bekommt. Aber zugleich – dies lehrt uns die moderne Sehweise – wird damit auch die unendliche Vielfalt und Komplexität des Wirklichen negiert. Hierdurch wird unsere Energie und sogar unser Recht unterdrückt, das zu erneuern, was wir erneuern wollen – unsere Gesellschaft, uns selbst. Befreiend sei es, so wird uns gesagt, mehr und mehr zur Kenntnis zu nehmen.

5. In einer modernen Gesellschaft bilden mit der Kamera gemachte Bilder den wichtigsten Zugang zu Wirklichkeiten, die sich unserer direkten Erfahrung entziehen. Und es wird von uns erwartet, dass wir eine unbegrenzte Zahl an Bildern von

dem, was wir nicht unmittelbar erfahren, aufnehmen und registrieren. Die Kamera definiert für uns, was wir als »wirklich« gelten lassen – und sie schiebt die Grenze des Realen immer weiter hinaus. Fotografen werden besonders bewundert, wenn sie verborgene Wahrheiten über sich selbst offenbaren oder wenig bekannte soziale Konflikte in Gesellschaften, die dem Betrachter nah oder fern sind.

6. Innerhalb der modernen Wissensgewinnung bedarf es der Bilder, damit etwas »real« wird. Fotos identifizieren Ereignisse. Fotos verleihen Ereignissen Wichtigkeit und machen sie einprägsam. Damit ein Krieg, eine Greueltat, eine Pandemie, eine sogenannte Naturkatastrophe Gegenstand breiten Interesses werden können, müssen sie die Menschen durch die verschiedenen Systeme zur millionenfachen Verbreitung fotografischer Bilder (vom Fernsehen über das Internet bis zu Zeitungen und Zeitschriften) erreichen.

7. Für die moderne Sehweise ist Realität zuallererst Erscheinungsbild – etwas, das sich immerzu verändert. Ein Foto hält das Erscheinungsbild fest. Das fotografische Dokument ist ein Dokument der Veränderung, der Zerstörung des Vergangenen. Wenn wir modern sind (und wenn wir gewohnt sind, Fotos zu betrachten, sind wir per definitionem modern), dann begreifen wir, dass alle Identitäten Konstruktionen sind. Die einzige unwiderlegliche Realität – und unser bester Anhaltspunkt für Identität – ist das Erscheinungsbild der Menschen.

8. Ein Foto ist ein Bruchstück – ein kurzer Blick. Wir häufen Blicke, Bruchstücke an. Wir alle speichern in unserem Kopf Hunderte fotografischer Bilder, die unmittelbar abrufbar sind. Alle Fotos streben nach Einprägsamkeit – das heißt, nach Unvergesslichkeit.

9. Für den Blick, der uns als modern definiert, gibt es eine unendliche Anzahl von Details. Fotos sind Details. Deshalb wirken Fotos so lebensähnlich. Modern sein heißt leben im Hingerissensein von der ungebändigten Autonomie des Details.

10. Erkennen bedeutet zuallererst Notiz nehmen. Anerkennung ist die Form von Erkenntnis, die man heute mit der Kunst gleichsetzt. Die Fotos der schrecklichen Grausamkeiten und Ungerechtigkeiten, unter denen die meisten Menschen auf der Welt leiden, scheinen uns – die wir privilegiert sind und in relativer Sicherheit leben – zu sagen, dass wir erschüttert, wachgerüttelt sein sollten; dass wir wünschen sollten, diesen Schrecken solle Einhalt geboten werden. Aber dann sind da auch Fotos, die uns zu einer anderen Art von Aufmerksamkeit einzuladen scheinen. Für diesen ständig sich entwickelnden Komplex von Arbeiten ist Fotografie keine Form von sozialer oder moralischer Agitation, die uns zu Meinungen und zum Handeln drängen will, sondern ein großes Notierprojekt. Wir sehen hin, wir nehmen Notiz, wir nehmen wahr. Es ist dies eine nüchternere Betrachtungsweise. Es ist jene Betrachtungsweise, die wir mit der Kunst gleichsetzen.

11. Gerade den besten sozial engagierten Fotografen wird oft vorgehalten, ihre Arbeiten sähen zu sehr nach Kunst aus. Und die Fotografie, die sich als Kunst versteht, sieht sich bisweilen dem komplementären Vorwurf ausgesetzt – sie dämpfe die Betroffenheit. Sie zeige uns Ereignisse, Situationen, Konflikte, die wir beklagen könnten, und fordere uns zur Distanz auf. Sie zeige uns irgend etwas Grauenhaftes und teste zugleich, welche Bilder wir noch ertragen können und akzeptieren sollten. Und oft – dies gilt für einen großen Teil der besten zeitgenössischen Fotografie – fordert sie uns einfach auf, das Banale anzustarren. Es anzustarren und auch zu genießen, indem wir auf

die hochentwickelten ironischen Gewohnheiten zurückgreifen, die durch das surreale Nebeneinander unterschiedlicher Fotografien bestärkt werden, wie es in raffiniert gestalteten Ausstellungen und Büchern gepflegt wird.

12. Fotografie – die höchste Form des Reisens, des Tourismus – ist das wichtigste moderne Mittel zur Erweiterung der Welt. Als Spielart der Kunst neigt das fotografische Projekt der Welterweiterung dazu, sich auf Themen zu spezialisieren, die als Herausforderung, als Überschreitung empfunden werden. So kann uns ein Foto etwa sagen: Auch das gibt es. Und das. Und das. (Und das alles ist »menschlich«.) Aber was sollen wir mit dieser Erkenntnis anfangen – sofern es sich denn tatsächlich um eine Erkenntnis, sagen wir über das Ich, über das Unnormale, über geächtete oder geheime Welten handelt?

13. Ob man es Erkennen nennt oder Notiznehmen – eines Merkmals dieser entschieden modernen Erfahrungsweise können wir gewiss sein: mit dem Sehen und mit dem Anhäufen von Sehfragmenten wird man nie fertig.

14. Es gibt kein endgültiges Foto.

Das Foltern anderer betrachten

Seit langem – seit mindestens sechs Jahrzehnten – legen vor allem Fotos fest, wie wichtige Konflikte beurteilt werden und wie man sich ihrer erinnert. Das Museum der westlichen Erinnerung ist heutzutage vor allem ein visuelles. Mit unwiderstehlicher Kraft bestimmen Fotos darüber, was wir von einem Geschehen in Erinnerung behalten, und inzwischen ist es sehr wahrscheinlich, dass sich für die Menschen auf der ganzen Welt mit dem niederträchtigen Krieg, den die Vereinigten Staaten im vergangenen Jahr präventiv im Irak entfesselt haben, vor allem jene Fotos verbinden werden, auf denen irakische Gefangene in Abu Ghraib, im berüchtigtsten aller Gefängnisse von Saddam Hussein, von Amerikanern gefoltert werden.

Statt sich mit den durch die Bilder enthüllten komplexen Verbrechen bestimmter militärischer und politischer Instanzen auseinanderzusetzen, waren die Regierung Bush und ihre Verteidiger vor allem bemüht, die Katastrophe für die eigene Öffentlichkeitsarbeit – die Verbreitung der Fotos – in den Griff zu bekommen. Am Anfang stand die Verlagerung des Augenmerks von der Wirklichkeit auf die Fotos selbst. In einer ersten offiziellen Reaktion hieß es, der Präsident sei von den Fotos schockiert und abgestoßen – als läge die Schuld und alles Schreckliche in den Bildern und nicht in dem, was sie abbilden. Außerdem vermied man geflissentlich das Wort »Folter«. Dass die Gefangenen möglicherweise »misshandelt« oder auch »gedemütigt« worden seien, war das Äußerste, was eingeräumt wurde. »Nach meinem Eindruck beziehen sich die bisherigen Vorwürfe auf Misshandlung, die meiner Meinung nach, wenn man es genau nimmt, etwas anderes ist als Folter«, sagte Verteidigungsminister Donald Rumsfeld bei einer Pressekonferenz. »Deshalb werde ich das Wort ›Folter‹ hier nicht verwenden.«

Wörter verändern, Wörter fügen hinzu, Wörter ziehen ab. Es war die beharrliche Vermeidung des Wortes »Genozid«, die vor zehn Jahren, als in Ruanda rund 800 000 Tutsi binnen weniger Wochen von ihren Hutu-Nachbarn niedergemetzelt wurden, anzeigte, dass die amerikanische Regierung nicht die Absicht hatte, irgend etwas zu unternehmen. Die Weigerung, das, was in Abu Ghraib geschah – und was auch andernorts im Irak, in Afghanistan, in Guantánamo geschehen ist –, bei seinem wahren Namen, Folter, zu nennen, ist genauso empörend wie die Weigerung, den Genozid in Ruanda einen Genozid zu nennen. Hier eine Definition von Folter aus einem internationalen Abkommen, das auch von den Vereinigten Staaten unterzeichnet wurde: »Jede Handlung, durch die einer Person vorsätzlich große körperliche oder seelische Schmerzen oder Leiden zugefügt werden, zum Beispiel um von ihr oder einem dritten eine Aussage oder ein Geständnis zu erlangen.« (Diese Definition stammt aus dem »Übereinkommen gegen Folter und andere grausame, unmenschliche oder erniedrigende Behandlung oder Bestrafung« von 1984. Ähnliche Definitionen gibt es schon seit längerem auch in anderen Gesetzen und Verträgen, angefangen bei dem Artikel 3, der allen vier Genfer Konventionen von 1949 gemeinsam ist, und in vielen Menschenrechtskonventionen jüngeren Datums.) Das Abkommen von 1984 hält auch fest: »Außergewöhnliche Umstände gleich welcher Art, sei es Krieg oder Kriegsgefahr, innenpolitische Instabilität oder ein sonstiger öffentlicher Notstand, dürfen nicht als Rechtfertigung für Folter geltend gemacht werden.« Außerdem besagen alle derartigen Abkommen, dass als Folter auch jede Behandlung gilt, die darauf abzielt, das Opfer zu demütigen – etwa indem man Gefangene zwingt, sich nackt in Zellen oder auf Korridoren aufzuhalten.

Was immer die amtierende Regierung unternimmt, um den Schaden zu begrenzen, den die fortgesetzten Enthüllungen über die Folterung von Gefangenen in Abu Ghraib und anderswo bewirken – Strafprozesse, Kriegsgerichtsverfahren, unehrenhafte Entlassung aus dem Dienst, Rücktritte von Vorgesetzten in der Armee und Verantwortlichen innerhalb der Regierung, materielle Entschädigung der Opfer –, das Wort »Folter« wird wohl auch weiterhin aus dem Sprachgebrauch verbannt bleiben. Einzugestehen, dass Amerikaner ihre Gefangenen foltern, würde allem widersprechen, womit diese Regierung die Öffentlichkeit von der Rechtschaffenheit der amerikanischen Absichten und der Allgemeingültigkeit amerikanischer Werte zu überzeugen versucht hat, die ihrerseits letztlich als Rechtfertigung dafür dienen, dass sich Amerika zur Verteidigung seiner Interessen und seiner Sicherheit das Recht zu unilateralem Handeln im Weltmaßstab herausnimmt.

Auch wenn sich der Präsident angesichts des wachsenden Schadens für das Ansehen Amerikas in der ganzen Welt schließlich genötigt sah, das Wort »Sorry« zu benutzen, bezog sich dieses Bedauern anscheinend doch vor allem auf den Schaden, der dem Anspruch Amerikas auf moralische Überlegenheit droht, seinem hegemonialen Ziel, dem rückständigen Nahen Osten »Freiheit und Demokratie« zu bringen. Ja, sagte Mr. Bush am 6. Mai 2004 in Washington, neben König Abdullah II. von Jordanien stehend, er »bedauere die Demütigung, die die irakischen Gefangenen erlitten haben, und die Demütigung, die ihre Familien erlitten haben«. Aber, so fuhr er fort, er »bedauere es ebenso, dass Menschen, die diese Bilder sehen, das wahre Wesen und das wahre Herz Amerikas nicht verstehen würden«.

Die amerikanischen Anstrengungen im Irak nun in diesen Bildern zusammengefasst zu sehen, muss denen, die einen Krieg zum Sturz eines der übelsten Tyrannen der Gegenwart für gerechtfertigt hielten, »unfair« erscheinen. Ein Krieg, die Besetzung eines Landes – das ist in jedem Fall eine lange Abfolge sehr unterschiedlicher Aktionen. Was macht einige dieser Aktionen repräsentativ für das Ganze und andere nicht? Die Frage lautet nicht, ob einzelne (das heißt »nicht alle«) gefoltert haben, sondern ob das Foltern zum System gehörte, ob es genehmigt, geduldet wurde. Alles Handeln ist Handeln von einzelnen. Die Frage lautet nicht, ob eine Mehrheit oder eine Minderheit von Amerikanern sich auf solche Handlungen einlässt, sondern ob die Politik, die diese Regierung und die mit ihrer Umsetzung beauftragten Hierarchien verfolgen, solche Handlungen wahrscheinlich macht.

*

So gesehen, stehen die Fotos für uns. Das heißt, sie sind repräsentativ für die prinzipielle Verwerflichkeit, die zu jeder Besetzung eines fremden Landes gehört, und außerdem auch für die spezifischen Merkmale der Politik der Regierung Bush. Die Belgier im Kongo, die Franzosen in Algerien – auch sie praktizierten Folter und sexuelle Demütigung an den verachteten, widerspenstigen Bewohnern eines fremden Landes. Neben diese allgemeine Verwerflichkeit tritt nun irritierenderweise noch der Umstand, dass die amerikanischen Herrscher über den Irak auf den Umgang mit den komplizierten Realitäten dieses Landes nach seiner »Befreiung«, das heißt, nach seiner Eroberung, kaum vorbereitet waren. Nimmt man schließlich noch die alles einschließenden Doktrinen der Bush-Regierung hinzu: dass die Vereinigten Staaten sich in einem endlosen Krieg (gegen einen proteischen Feind namens »Terrorismus«) befinden und dass die in diesem Krieg Festgenommenen, wenn es der Präsident so beschließt, nach einem von Donald Rumsfeld schon im Januar 2002 verkündeten Grundsatz »ungesetzliche Kombattanten« sind und daher, wie Rumsfeld erläuterte, »im Prinzip keines der von der Genfer Konvention gewährten Rechte für sich in Anspruch nehmen können« – dann hat man ein perfektes Rezept für die Grausamkeiten und Verbrechen, die in den seit dem 11. September 2001 von Amerikanern errichteten Gefängnissen an Tausenden von Häftlingen begangen wurden, die ohne Anklage und ohne Rechtsbeistand eingesperrt wurden.

Besteht also das wirkliche Problem tatsächlich nicht in den Fotos, sondern in dem, was die Fotos offenbaren – in dem, was den »Verdächtigen« in amerikanischem Gewahrsam widerfahren ist? Nein: das Grauen, das die Fotos zeigen, lässt sich nicht trennen von dem Grauenhaften der Tatsache, dass sie aufgenommen wurden – mit den Tätern, die über ihren hilflosen Gefangenen posieren und sich an ihrem Leiden weiden. Deutsche Soldaten haben im Zweiten Weltkrieg Fotos von den Greueln gemacht, die sie in Polen und Russland begingen. Aber Schnappschüsse, auf denen sich die Henker unter ihre Opfer mischen, sind äußerst selten, wie etwa das kürzlich erschienene Buch *Photographing the Holocaust* von Janina Struk zeigt. Am ehesten vergleichbar mit diesen Bildern sind vielleicht die Fotos schwarzer Lynchopfer aus den Jahren zwischen 1880 und den dreißiger Jahren des 20. Jahrhunderts, auf denen man grinsende Amerikaner unter den nackten, verstümmelten Körpern eines schwarzen Mannes oder einer schwarzen Frau stehen sieht, die hinter ihnen an einem Baum hängen. Solche Lynchfotos waren Andenken an ein kollektives Handeln, dessen Beteiligte alles, was sie taten, für vollkommen gerechtfertigt hielten. Das gleiche gilt für die Bilder aus Abu Ghraib.

Wenn ein Unterschied besteht, so ergibt er sich daraus, dass Fotografieren inzwischen immer selbstverständlicher geworden ist und immer weitere Verbreitung findet. Die Lynchbilder waren Fotos, die als Trophäen dienten – aufgenommen von einem Fotografen, damit man sie sammeln, in Alben kleben, vorzeigen konnte. Die Fotos, die amerikanische Soldaten in Abu Ghraib aufgenommen haben, spiegeln dagegen einen Wandel im Umgang mit Bildern – sie sind weniger Objekte zum Aufbewahren als vielmehr Botschaften, die man verbreitet, in Umlauf setzt. Viele Soldaten verfügen heute über eine Digitalkamera. Früher waren Fotos vom Krieg eine Domäne der Fotojournalisten. Heute sind die Soldaten selbst lauter Fotografen, halten ihren Krieg, ihren Spaß, ihre Beobachtungen, das, was ihnen pittoresk erscheint, ihre Greueltaten in Bildern fest, tauschen sie untereinander und verschicken sie per E-Mail rund um die Erde.

Immer mehr Leute zeichnen ihr eigenes Tun auch selbst auf. Zumindest (oder vor allem) in Amerika ist Andy Warhols Ideal, reale Ereignisse in Echtzeit zu filmen – das Leben wird nicht geschnitten, warum also den Film davon schneiden? –, zur Maxime zahlloser Webcasts geworden, in denen Menschen ihren Tagesablauf festhalten, jeder von ihnen in seiner eigenen Reality-Show. Hier bin ich – beim Aufwachen, beim Gähnen, beim Recken, beim Zähneputzen, während ich das Frühstück mache und die Kinder zur Schule schicke. Die Leute zeichnen sämtliche Facetten ihres Lebens auf, speichern sie als Computerdateien und schicken diese Dateien in der Gegend herum. Zum Familienleben gehört nun, dass man es auch aufzeichnet – und zwar auch dann oder gerade dann, wenn die Familie in einer Krise oder in Peinlichkeiten steckt. Die über Jahre hinweg beharrlich hergestellten gegenseitigen Heimvideo-Aufnahmen von Gesprächen und Monologen waren sicherlich das Erstaunlichste an Andrew Jareckis Dokumentarfilm *Capturing the Friedmans* (2003) über eine Familie auf Long Island, die sich mit Pädophilie-Vorwürfen konfrontiert sah.

Ein erotisches Leben zeichnet sich für immer mehr Menschen dadurch aus, dass man es in digitalen Fotos und auf Video festhalten kann. Und vielleicht ist auch Folter als Gegenstand solcher Aufzeichnungen attraktiver, wenn sie eine sexuelle Komponente hat. Nun, da immer mehr Fotos aus Abu Ghraib an die Öffentlichkeit gelangen, ist es aufschlussreich zu sehen, dass sich die Folterfotos mit pornographischen Bildern mischen, auf denen amerikanische Soldaten Sex miteinander haben. Tatsächlich haben auch die meisten Folterfotos ein sexuelles Motiv – etwa die, auf denen Gefangene gezwungen werden, aneinander sexuelle Handlungen vorzunehmen oder zu simulieren. Eine Ausnahme ist das schon kanonisch gewordene Bild des Mannes, der mit einer Kapuze auf dem Kopf auf einer Kiste stehen muss und dem Drähte aus den Händen zu wachsen scheinen. Angeblich hatte man ihm gesagt, er werde mit Elektroschocks getötet, falls er herunterfalle. Aber Bilder von Gefangenen, die in schmerzhaften Stellungen gefesselt sind oder mit ausgestreckten Armen dastehen müssen, sind nicht zahlreich. Dass sie als Folter gelten müssen, steht außer Zweifel. Man braucht sich nur den Ausdruck von Schrecken im Gesicht der Opfer anzusehen. Aber bei den meisten Bildern scheint sich die Folter mit der Pornographie zu verbinden: eine junge Frau, die einen nackten Mann an einer Hundeleine herumführt, entspricht dem klassischen Bild der Domina. Man fragt sich auch, wie viele der sexuellen Foltern, die man den Insassen des Abu-Ghraib-Gefängnisses zugefügt hat, von den riesigen Vorräten an pornographischen Bildern inspiriert sind, die im Internet zur Verfügung stehen und die gewöhnliche Menschen nachzuahmen versuchen, indem sie ihre eigenen Webcasts verschicken.

*

Leben heißt fotografiert werden und über eine Aufzeichnung des eigenen Lebens verfügen also auch: weiterleben, ohne die unausgesetzte Aufmerksamkeit der Kamera noch wahrzunehmen, oder so tun, als würde man sie nicht wahrnehmen. Aber Leben heißt auch Posieren. Und Handeln heißt Teilhaben an der Gemeinschaft der im Bild festgehaltenen Handlungen. Die zufriedene Miene angesichts der Foltern, denen da hilflose, gefesselte, nackte Opfer unterworfen werden, ist nur der eine Teil der Geschichte. Hinzu kommt die tiefe Befriedigung, die das Fotografiertwerden verschafft, auf das man heute nicht mehr wie früher mit einem starren, unverwandten Blick, sondern mit fröhlicher Miene reagiert. Die Vorgänge sind zum Teil extra für die Fotos arrangiert. Das Grinsen ist ein Grinsen für die Kamera. Irgend etwas würde fehlen, wenn man, nachdem die nackten Männer übereinandergestapelt sind, kein Foto von ihnen machen könnte.

Wenn man diese Fotos betrachtet, fragt man sich: Wie kann jemand angesichts der Leiden und der Erniedrigung anderer Menschen grinsen? Wie kann jemand Wachhunde auf die Genitalien und die Beine von nackt auf dem Boden kauernden Gefangenen hetzen? Wie kann man mit Handschellen gefesselte Gefangene, denen man Kapuzen übergestülpt hat, zwingen, zu masturbieren oder oralen Sex untereinander zu simulieren? Aber indem man so fragt, kommt man sich schon naiv vor, denn die Antwort lautet natürlich, dass Menschen so etwas eben mit anderen Menschen tatsächlich machen. Vergewaltigung und Schmerzen, die den Genitalien zugefügt werden, gehören zu den gebräuchlichsten Foltermethoden. Nicht nur in Nazi-Konzentrationslagern und in Abu Ghraib, als es noch unter dem Befehl von Saddam Hussein stand. Auch Amerikaner haben so etwas getan, und sie tun es noch immer, wenn man ihnen sagt oder ihnen das Gefühl gibt, dass diejenigen, über die sie unbeschränkte Gewalt haben, es verdienen, erniedrigt und gefoltert zu werden. Sie tun es, wenn man sie glauben macht, die Menschen, die sie foltern, gehörten einer minderwertigen Rasse oder Religion an. Denn diese Bilder besagen ja nicht nur, dass diese Handlungen ausgeführt wurden, sondern auch, dass den Tätern bei allem, was auf den Bildern zu sehen ist, offenbar jegliches Unrechtsbewusstsein fehlt.

Noch erschreckender, denn die Bilder sollten ja weitergegeben und von vielen Menschen gesehen werden, ist dies: es war alles Spaß. Und diese Vorstellung von Spaß wird – entgegen dem, was Mr. Bush der Welt erzählt – leider immer mehr zum festen Bestandteil des »wahren Wesens und des wahren Herzens Amerikas«. Die zunehmende Akzeptanz von Brutalität im amerikanischen Alltag lässt sich schwer messen, aber Anzeichen dafür finden sich überall, angefangen bei den Computer-Killerspielen, die eine der wichtigsten Freizeitbeschäftigungen von Jungen geworden sind – ob es noch lange dauert, bis das Computerspiel *Terroristenverhör* auf den Markt kommt? –, bis hin zu der immer weiter um sich greifenden Gewalt in den Gruppenritualen junger Leute, die auf der Suche nach einem besonderen Kick sind. Die Gewaltkriminalität geht zurück, aber der Unterhaltungswert von Gewalt scheint zu steigen. Angefangen bei den Quälereien, denen neue Schüler auf vielen amerikanischen Highschools ausgesetzt sind – Richard Linklater handelt davon in seinem Film *Dazed and Confused* (1993) –, bis hin zu den schikanösen Ritualen, die sich um körperliche Brutalität und sexuelle Demütigung drehen, in Studentenverbindungen und Sportmannschaften – Amerika ist ein Land geworden, in dem Gewaltphantasien und praktizierte Gewalt als eine prima Unterhaltung gelten, als Spaß.

Was früher als Pornographie, als Ausleben extremer sadomasochistischer Sehnsüchte ausgegrenzt wurde – etwa in Pier Paolo Pasolinis letztem, kaum ansehbarem Film *Salò* (1975), in dem es um Folterorgien in der sogenannten Republik von Salò in Norditalien gegen Ende der Ära Mussolini geht –, wird heute von den Aposteln des neuen, kriegslüsternen, imperialen Amerika als fröhliche Ausgelassenheit oder emotionale

Spannungsabfuhr für normal erklärt. »Nackte Männer stapeln« sei im Grunde ein Streich von der Sorte, wie sie in Studentenverbindungen üblich seien, teilte ein Anrufer Rush Limbaugh und den vielen Millionen Amerikanern mit, die seine Radiosendung hörten. Ob dieser Anrufer, so fragt man sich, die Fotos wohl gesehen hatte? Aber das spielt keine Rolle. Die Bemerkung – oder soll man sagen: die Phantasie? – trifft den Kern der Sache. Was allerdings den einen oder anderen Amerikaner vielleicht noch schockieren könnte, war Limbaughs Reaktion darauf: »Genau!« rief er. »Genau, was ich meine. Nicht anders geht es auch bei der Aufnahmezeremonie in einer Studentenverbindung zu, und wir gehen hin und machen diesen Leuten dafür ihr Leben kaputt und hemmen obendrein unsere militärischen Kraftanstrengungen, und zuletzt machen wir sie fertig, weil sie es sich mal gutgehen ließen.« »Sie« – das sind die amerikanischen Soldaten, die Folterer. Und Limbaugh fuhr fort: »Wissen Sie, auf diese Leute wird jeden Tag geschossen. Ich meine die Leute, die es sich mal gutgehen lassen, diese Leute. Schon mal was von emotionaler Abfuhr gehört?«

Wahrscheinlich würde eine nicht unerhebliche Zahl von Amerikanern es eher für richtig halten, andere Menschen zu foltern und zu demütigen – Menschen, die als unsere mutmaßlichen Feinde all ihre Rechte verwirkt haben –, als einzugestehen, dass der amerikanische Einsatz im Irak ein durch und durch törichtes, von Unfähigkeit zeugendes, betrügerisches Unterfangen ist. Der Tendenz, Folter und sexuelle Demütigung als Spaß zu betrachten, lässt sich wenig entgegenstellen, solange Amerika sich immer mehr in einen Garnisonsstaat verwandelt, in dem diejenigen als Patrioten gelten, die der bewaffneten Macht und der Forderung nach maximaler Überwachung bedingungslosen Respekt entgegenbringen. *Shock and awe* – Erschütterung und Einschüchterung – hatten unsere Militärs den Irakern versprochen. Erschütterung und

Einschüchterung verheißen diese Fotos der Welt, die von den Amerikanern freigekämpft wurde: kriminelles Verhalten im großen Maßstab, das internationale Menschenrechtskonventionen offen missachtet. Soldaten posieren jetzt mit hochgerecktem Daumen vor den Greueln, die sie selbst angerichtet haben, und schicken die Bilder an ihre Kumpel. Kann uns das wirklich überraschen? Wir leben in einer Gesellschaft, in der sich die Leute darum reißen, in eine Fernsehsendung eingeladen zu werden und dort private Geheimnisse auszuplaudern, die sie früher um fast alles in der Welt für sich behalten hätten. In diesen Fotos manifestiert sich die Kultur der Schamlosigkeit genauso wie die vorherrschende Bewunderung von ungeniert ausgeübter Brutalität.

*

Die Vorstellung, Entschuldigungen und Bekundungen von »Abscheu« seitens des Präsidenten und des Verteidigungsministers seien als Reaktion ausreichend, beleidigt unser historisches und moralisches Empfinden. Die Folterung von Gefangenen ist kein Versehen. Sie ist eine direkte Folge der »Mit uns oder gegen uns«-Doktrin, mit der die Bush-Regierung versucht hat, die Stellung der Vereinigten Staaten in der Welt radikal zu verändern und viele Institutionen und Rechtsgrundsätze im eigenen Land umzubilden. Die Regierung Bush hat das Land auf eine pseudoreligiöse Kriegsdoktrin, auf eine Doktrin von einem endlosen Krieg, eingeschworen – denn »der Krieg gegen den Terror« ist nichts Geringeres als das. Was in dem neuen, vom amerikanischen Militär geleiteten internationalen Gefängnissystem geschehen ist, übertrifft noch die Praxis auf Frankreichs berüchtigter Teufelsinsel und im sowjetischen Gulag, denn einer Gefangenschaft in der französischen Strafkolonie gingen immerhin ein Prozess und ein Urteilsspruch voraus, und im Fall des russischen Lagersystems gab es zumindest irgendeine Anschuldigung und eine Verurteilung zu einer bestimmten Anzahl von Jahren. Der endlose Krieg dagegen dient als Rechtfertigung für endlose Einkerkerung. Diejenigen, die in dem außergesetzlichen amerikanischen Gefängnissystem festgehalten werden, heißen *detainees* – Inhaftierte; das Wort *prisoners* – Gefangene – wird neuerdings vermieden, es könnte daran erinnern, dass diesen Leute vom internationalen Recht und den Gesetzen aller zivilisierten Länder gewisse Rechte zugebilligt werden. Der endlose »weltweite Krieg gegen den Terrorismus«, der nach den Sprachregelungen des Pentagon die durchaus gerechtfertigte Invasion in Afghanistan ebenso umfasst wie die nicht zu gewinnende Torheit im Irak, führt unweigerlich zur Dämonisierung und Entmenschlichung von jedem, den die Bush-Regierung zum potentiellen Terroristen erklärt: ein Definitionsvorgang, über den nicht diskutiert werden kann und der in der Regel sogar geheim bleibt.

Gegen die meisten Inhaftierten in den Gefängnissen im Irak und in Afghanistan wurde keine Anklage erhoben, und das Rote Kreuz teilt mit, siebzig bis neunzig Prozent der Inhaftierten hätten anscheinend kein anderes Verbrechen begangen, als dass sie zur falschen Zeit am falschen Ort waren und bei irgendeiner Razzia als »Verdächtige« verhaftet wurden. Die wichtigste Begründung dafür, dass sie festgehalten werden, lautet, sie müssten »vernommen« werden. Vernommen – worüber? Über alles und jedes. Über alles, was der Inhaftierte eventuell weiß. Wenn Vernehmung ein Grund ist, Gefangene auf unbestimmte Zeit festzuhalten, werden körperlicher Zwang, Demütigung und Folter unvermeidlich.

Man bedenke: es geht hier nicht um jenen seltenen Fall der »tickenden Zeitbombe«, der bisweilen als Grenzfall angeführt wird, in dem es gerechtfertigt sein könnte, Gefangene zu foltern, die Kenntnis von einem unmittelbar bevorstehenden Angriff haben. Es geht hier um das Sammeln allgemeiner, unspezifischer Informationen, angeordnet von amerikanischen Militär- und Zivilbehörden zu dem Zweck, mehr über die dunklen Machenschaften von Übeltätern zu erfahren, über die Amerikaner so gut wie gar nichts wissen, in Ländern, von denen sie keine Ahnung haben, so dass sich tatsächlich jede x-beliebige Information für sie als nützlich erweisen kann. Eine Vernehmung, die keinerlei wie immer geartete Informationen zutage förderte, würde als gescheitert gelten. Eine Rechtfertigung mehr, dafür zu sorgen, dass die Gefangenen den Mund aufmachen. »Weichklopfen« oder »den Druck erhöhen« – so lauten die beschönigenden Ausdrücke für die bestialischen Praktiken in den amerikanischen Gefängnissen, wo Terrorverdächtige festgehalten werden. Leider hat man, wie es scheint, bei nicht wenigen dieser Leute den Druck so sehr erhöht, dass sie am Ende tot waren.

Die Bilder werden nicht vergehen. Das liegt im Wesen der digitalen Welt, in der wir leben. Anscheinend waren sie sogar notwendig, um unsere führenden Politiker zu dem Eingeständnis zu bringen, dass sie ein Problem haben. Die Berichte des Internationalen Roten Kreuzes, die Berichte von Journalisten, die Protestschreiben von Menschenrechtsorganisationen, in denen auf die grausamen Strafen hingewiesen wird, die den »Inhaftierten« und »Terrorverdächtigen« in amerikanischen Militärgefängnissen zuerst in Afghanistan und dann auch im Irak zugefügt werden, zirkulieren schließlich schon seit mehr als einem Jahr. Es scheint zweifelhaft, dass derartige Berichte von Mr. Bush oder Mr. Cheney oder Mrs. Rice oder Mr. Rumsfeld gelesen wurden. Es bedurfte offenbar der Fotos, die sich nicht mehr unterdrücken ließen, um ihre Aufmerksamkeit zu wecken; es waren die Fotos, die all dies für den Präsidenten und seine Kollegen »real« machten. Bis dahin hatte es nur

Wörter gegeben, die sich in unserem Zeitalter der unbegrenzten digitalen Selbstreproduktion und Selbstverbreitung leichter verschleiern und so viel leichter vergessen lassen.

Die Bilder werden also weiter »über uns herfallen« und uns »tätlich beleidigen« – wie viele Amerikaner dies empfinden. Werden sich die Leute an die Bilder gewöhnen? Einige Amerikaner sagen schon, sie hätten genug gesehen. Der Rest der Welt sagt das nicht. Endloser Krieg: endlose Bilderflut. Werden Zeitungsredakteure jetzt darüber diskutieren, ob es »geschmacklos« oder zu »politisch« ist, noch mehr zu zeigen oder sie unbeschnitten zu zeigen (wodurch manche der bekanntesten Bilder, zum Beispiel das des Kapuzenmannes auf der Kiste, anders und manchmal noch erschreckender wirken). »Politisch« bedeutet hier: kritisch gegenüber dem imperialen Projekt der Bush-Regierung. Denn es kann kein Zweifel bestehen, dass die Fotos, wie es Mr. Rumsfeld ausdrückte, »dem Ansehen der ehrenwerten Männer und Frauen der Streitkräfte schaden, die mutig, verantwortungsvoll und professionell unsere Freiheit auf der ganzen Erde verteidigen«. Es ist dieser Schaden – der unser Ansehen, unser Image, unseren Erfolg als einzige verbliebene Supermacht betrifft –, den die Regierung Bush vor allem bedauert. Wie es dazu kam, dass der Schutz »unserer Freiheit« – der Freiheit von fünf Prozent der Menschheit – die Anwesenheit amerikanischer Soldaten rund um die Erde erforderlich macht, wird dagegen von unseren gewählten Volksvertretern kaum erörtert. Amerika sieht sich als Opfer von potentiellem oder zukünftigem Terror. Amerika tut nichts anderes, als sich gegen unerbittliche, aus dem Verborgenen operierende Feinde zu verteidigen.

Die Gegenbewegung hat schon eingesetzt. Die Amerikaner werden ermahnt, sich nicht in eine Orgie der Selbstverdammung hineinzusteigern. Viele Amerikaner sehen in der fortgesetzten Veröffentlichung der Bilder ein Bekenntnis zu der Auffassung, wir hätten kein Recht, uns selbst zu verteidigen: dabei haben doch sie (die Terroristen) angefangen. Sie – Osama bin Laden? Saddam Hussein? Wo ist der Unterschied? – haben uns zuerst angegriffen. James Inhofe aus Oklahoma, republikanisches Mitglied im Streitkräfte-Ausschuss des Senats, vor dem Minister Rumsfeld aussagte, erklärte, er sei sich sicher, dass er nicht der einzige in diesem Ausschuss sei, den die Empörung über die Fotos mehr empöre als das, was auf ihnen zu sehen sei. »Diese Gefangenen«, so erklärte Senator Inhofe, »wir wissen doch alle, dass die nicht wegen Verkehrsdelikten dort sind. Wenn sie im Zellentrakt 1-A oder 1-B sind, diese Gefangenen, dann sind sie Mörder, dann sind sie Terroristen, dann sind sie Aufständische. Viele von ihnen haben wahrscheinlich amerikanisches Blut an den Händen, und wir machen uns hier Gedanken über den Umgang mit diesen Typen.« Schuld sind »die Medien«, die weitere Gewaltakte gegen Amerikaner auf der ganzen Welt provozieren und auch in Zukunft provozieren werden. Mehr Amerikaner werden sterben. Wegen dieser Fotos.

Es wäre ein großer Fehler, die Enthüllungen über die mit Genehmigung amerikanischer Militär- und Zivilbehörden praktizierte Folter im »globalen Krieg gegen den Terrorismus« bloß als eine Geschichte aus dem Krieg der Bilder – oder aus dem Krieg gegen die Bilder – zu betrachten. Das Problem sind nicht die Fotos, sondern das, was auf den Fotos geschieht – auf Geheiß und unter Beteiligung einer Befehlskette, die bis in die höchsten Etagen der Bush-Regierung reicht. Aber der Unterschied zwischen Fotografie und Wirklichkeit kann sich – genau wie der zwischen Schlagwort und Politik – leicht verflüchtigen. Und genau das möchte die Regierung erreichen.

»Es gibt noch viel mehr Fotos und Videos«, räumte Mr. Rumsfeld bei seiner Anhörung ein. »Wenn sie an die Öffentlichkeit gelangen, wird dadurch natürlich alles nur noch schlimmer.«

Schlimmer für die Regierung und ihre Programme, so darf man vermuten, nicht für die derzeitigen – und potentiellen – Folteropfer.

Die Medien können sich selbst zensieren, aber es ist schwierig, wie Mr. Rumsfeld einräumte, Soldaten in Übersee zu zensieren. Sie schreiben keine Briefe mehr nach Hause wie früher, die Militärzensoren öffnen könnten, um unerwünschte Mitteilungen zu tilgen. Soldaten verhalten sich heute wie Touristen – »laufen mit ihren Digitalkameras herum«, wie es Mr. Rumsfeld formulierte, »machen diese unglaublichen Fotos und geben sie dann unter Verstoß gegen geltendes Recht an die Medien weiter – zu unserer Überraschung«. Die Regierung bemüht sich an mehreren Fronten, die Bilderflut einzudämmen. Im Augenblick nimmt die Debatte eine juristische Wendung: die Fotos werden zu Verschlusssachen erklärt – als Beweismittel in künftigen Strafverfahren, deren fairer Verlauf nicht mehr gewährleistet wäre, wenn sie veröffentlicht würden. Nach einer Vorführung am 12. Mai von lauter Bildern, die nichts als sexuelle Demütigung und Gewalt gegen irakische Gefangene zeigen, erklärte der republikanische Vorsitzende des Streitkräfteausschusses im Senat, John Warner aus Virginia, er sei entschieden der Meinung, die neueren Fotos »sollten nicht öffentlich gemacht werden. Ich glaube, das könnte die Männer und Frauen der Streitkräfte, die in ihrem Dienst ohnehin großen Risiken ausgesetzt sind, noch weiter gefährden.«

Aber der stärkste Impuls, die Bilder unter Verschluss zu halten, wird aus dem fortgesetzten Bemühen erwachsen, die Bush-Regierung zu schützen und unsere Missherrschaft im Irak zu verschleiern – dazu wird man die »Empörung« über die Fotos als Teil einer Kampagne hinstellen, die angeblich die militärische Stärke Amerikas und die Zwecke, für die sie zur Zeit eingesetzt wird, untergraben soll. So wie es viele als unausgesprochene Kritik am Krieg empfanden, als im Fernsehen Fotos von Amerikanern gezeigt wurden, die im Verlauf der Invasion und der Besetzung des Irak getötet worden waren, so wird man es auch in zunehmendem Maße als unpatriotisch ansehen, die neuen Fotos weiter zu verbreiten und auf diese Weise das Bild Amerikas in der Welt weiter zu trüben.

Schließlich befinden wir uns im Krieg. In einem endlosen Krieg. Und Krieg ist die Hölle, und zwar mehr als die Leute, die uns in diesen schmutzigen Krieg hineingezogen haben, sich anscheinend je haben träumen lassen. In unserem digitalen Spiegelsaal werden die Bilder nicht mehr verschwinden. Ja, anscheinend ist ein Bild tatsächlich so viel wert wie tausend Wörter. Und auch wenn unsere Politiker sie nicht sehen wollen – es werden Tausende neuer Schnappschüsse und Videos auftauchen. Unaufhaltsam.

Textnachweise

Gegen Interpretation: Susan Sontag: Kunst und Antikunst. 24 literarische Analysen. Übers. von Mark W. Rien. Frankfurt a. M.: Fischer Taschenbuch, 1982. S. 11–22. –

Über Schönheit: Susan Sontag: Zur gleichen Zeit. Aufsätze und Reden. Übers. von Reinhard Kaiser. Frankfurt a. M.: Fischer Taschenbuch, 2010. S. 25–37.

Der 11. 9. 01: Ebd. S. 143–145.

Fotografie. Eine kleine Summa: Ebd. S. 164–167.

Das Foltern anderer betrachten: Ebd. S. 168–185.

Zu Autorin und Werk

> Der uralte Drang, die Welt mit »Kultur« und Information zu bevölkern – der Welt Dichte, Schwere zu geben – mich anzufüllen. Ich habe beim Lesen immer das Gefühl zu essen. Und mein Bedürfnis zu lesen ist wie ein schrecklicher, rasender Hunger.[1]

Durch die Veröffentlichung ihrer Tagebücher, behutsam herausgegeben durch ihren Sohn David Rieff, kann man inzwischen unerwartete Einblicke hinter die ebenso ehrfurchtgebietende wie glatte Fassade der strahlenden Ikone und Meinungsmaschine Susan Sontag werfen: In ihren Essays, Romanen, Theaterstücken und Filmen brillant, mit dem Finger in den schmerzendsten Wunden der Gesellschaft und immer zukunftsweisend, zeigt sie sich dort von einer anderen Seite, und leicht könnte man als Leser in Voyeurismus verfallen:

Sontag (1933–2004) hatte sich, so zeigen ihre Tagebucheinträge, früh entschieden, ihre eigene Geschichte in die Hand zu nehmen, sich selbst zu dem zu machen, was sie werden wollte. Vorbild war ihr Marie Curie (1864–1937), jene Forscherin, die das Wort »radioaktiv« geprägt und als einziger Mensch in der Geschichte zwei Nobelpreise aus unterschiedlichen wissenschaftlichen Fachgebieten erhalten hatte. Schon immer schien Sontag vor Selbstbewusstsein zu strotzen: So lud sie sich mit vierzehn Jahren unaufgefordert zum Tee beim Weltstar Thomas Mann ein, doch dessen zur Schau gestellte herablassende Gelangweiltheit sollte sie nachhaltig verletzen.

Ihre Lese- und Filmlisten derjenigen Werke, die sie in allernächster Zukunft in sich aufnehmen wollte und von denen es im Tagebuch wimmelt, waren erschreckend: Die Zehnjährige, die wechselweise von den Großeltern, einem Kindermädchen oder ihrer Mutter (nachdem diese sich nach dem frühen Tod des Vaters wieder liiert hatte) aufgezogen wurde, konzentrierte sich auf Homer, Vergil, Thackeray und Dickens. Mit sechzehn las sie Philosophie, Kant und Descartes. Da war sie

1 Tagebucheintrag vom 9. August 1967, zit. nach: Susan Sontag, *Ich schreibe, um herauszufinden, was ich denke. Tagebücher 1964–1980*, übers. von Kathrin Razum, München 2013, S. 229.

schon Studentin in Berkeley, liiert mit einem Professor, den sie mit siebzehn heiraten sollte. 1952, mit neunzehn, bekam sie ihren Sohn David (es ist erstaunlich, wie sie als junge Mutter ihr Listen-Pensum halten konnte). Ihren Abschluss an der Harvard University machte sie in Philosophie, Literaturwissenschaft und Theologie. Ihre wichtigste Lebensgefährtin wurde später die Fotografin Annie Leibovitz. 1974 erkrankte sie an Brustkrebs, erst im Eintrag vom 25. Mai 1975 findet sich ein Hinweis im Tagebuch: »Ich muss mein Leben verändern. Aber wie soll ich mein Leben verändern, wenn mein Rückgrat gebrochen ist?«[2].

International berühmt wurde sie besonders durch ihre Essays über Kunst und Literatur, Fotografie und Politik. Ihr Erstlingserfolg »Notes on ›Camp‹« von 1964 erschien in der Herbstausgabe der *Partisan Review* und in deutscher Übersetzung zwei Jahre später in dem Sammelband *Kunst und Antikunst*. Mit diesem Text über eine bestimmte Ausrichtung von Kunst – selbstverliebt, subversiv, kitschig – revolutionierte sie das ästhetische Denken und wurde schnell zur »Diva mit Glamourfaktor« und zur »Schrittmacherin des Zeitgeistes«[3] mit weißer Strähne im dunklen Haar.

Es folgten u. a. das epochemachende »Against Interpretation«[4], »Imagination of Desaster«[5], »On Photography«[6], »Illness as Metaphor«, »Where the Stress Falls«, »Regarding the Pain of Others«[7] und »At the Same Time«, aber auch das Theaterstück »Alice in Bed«, Romane, Kurzgeschichten und Filmprojekte.

Entwickelte sich etwas Neues, war sie verlässlich an der Spitze der Bewegung zu finden, man musste ihr nur noch folgen: Patti Smith, die

2 Sontag (s. Anm. 1) S. 407. Das Wort »Krebs« tauchte dort erst zwei Jahre später, im November 1976, auf (vgl. ebd., S. 434).

3 Vgl. Deutschlandfunk, »Von der klugen jungen Frau zum Star«, 26. Oktober 2013.

4 »Gegen Interpretation«, vgl. im vorliegenden Band S. 7–22.

5 Eine der frühesten Untersuchungen von Science-fiction-Geschichten und -Filmen.

6 Vgl. eine Art Kurzfassung im vorliegenden Band S. 38–41. Der Text war außerordentlich einflussreich – auch auf Fotografen wie etwa Leibovitz.

7 Mit ähnlicher Ausrichtung »Regarding the Torture of Others« (»Das Foltern anderer betrachten«, im vorliegenden Band S. 42–58).

Gründungsmutter des Punk, erinnert sich in »Just Kids«, dass Sontag selbstverständlich Stammgast im »CBGB's – OMFUG« (»Country, Blue Grass, Blues – And Other Music For Uplifting Gourmandizers«) war, denn dort war die Keimzelle für neue Musik, hatten etwa die Ramones oder die Talking Heads wie auch Smith ihre ersten Auftritte.

Tatsächlich sei sie »in letzter Zeit, was meine Arbeit angeht, ungewöhnlich beweglich und risikobereit gewesen«, sei »geduldig und relativ angstfrei in Arbeitssituationen, die bei den meisten anderen Menschen offenbar ein unerträgliches Maß an Angst und Verunsicherung auslösen«, schrieb sie am 17. Februar 1970 in ihr Tagebuch.[8] Eine für sie oft typische Haltung: 1993 führte sie Regie im vom Bürgerkrieg zerstörten Sarajevo bei der Aufführung von Becketts *Waiting for Godot* (dort verbrachte sie viel Zeit bis 1996 und wurde Ehrenbürgerin).

Zusätzlichen Einfluss gewann sie durch ihre Mitarbeit am New York Institute for the Humanities, einer Vorfeldorganisation der New Yorker Universität, die 1976 von linken Intellektuellen gegründet worden war und Seminare, Konferenzen, Diskussionsveranstaltungen, Lesungen und Aufführungen organisiert.

Doch diese Einstellung rief Gegner auf den Plan: Ihr nur 48 Stunden nach dem Einschlag der Passagierflugzeuge in das New Yorker World Trade Center 2001 veröffentlichter, in Berlin geschriebener Brand-Essay »11. 9. 01« gegen Politikerpolemik und -dummheit erhitzte die Gemüter, und die Reihen der Konservativen schlossen sich: Der Blogger Andrew Sullivan benannte einen speziellen Preis für Autoren nach Sontag, die dabei versagt hätten, Amerika angemessen zu ehren. Auch der *Weekly Standard* verlieh über mehrere Ausgaben hinweg ein Susan-Sontag-Zertifikat für die »besondere Hirnverbranntheit von Intellektuellen und Künstlern im Zuge der Terroranschläge«. Der Herausgeber der *National Review*, Richard Brookhiser, der 2008 vom damaligen Präsidenten George W. Bush die National Humanities Medal bekommen sollte, bezeichnete Sontag als die Präsidentin der verabscheuungswürdigen »Wir haben das verdient«-Schule, zu der auch der Philosoph und Literaturwissenschaftler Noam Chomsky und die Feministin Katha Pollitt gehörten. Der Gewinner des Pulitzer-Preises Charles Kraut-

8 Sontag (s. Anm. 1) S. 302.

hammer nannte sie »moralisch abgestumpft«. Und der Kulturkritiker Edward Rothstein schrieb in derselben Woche, in der Sontags Text erschien, in einem seiner einflussreichen Artikel für die *New York Times*, nun seien durch den Anschlag endlich die »intellektuellen und ethischen Perspektiven zweier Ideen-Gebäude beendet: Postmoderne und Postkolonialismus«. 9/11 schreie »nach einer transzendenten ethischen Perspektive« jenseits nun überholter relativistischer Theorien. Der Postmodernismus habe objektive Auffassungen von Wahrheit behindert, der Postkolonialismus die intellektuelle Dominanz der westlichen Welt untergraben. Beide Angriffe gegen universelle Werte ließen aber »wenig Raum für eine uneingeschränkte Verdammung terroristischer Angriffe, besonders solcher gegen den Westen«. Roger Rosenblatt, der seine Essays häufig im *Time Magazine* veröffentlicht, war ähnlicher Ansicht: Eine der guten Folgen des Angriffes bestehe darin, dass nun das »Zeitalter der Ironie« beendet sei. Die Kultur der letzten Jahrzehnte habe, so Rosenblatt, den Eindruck verfestigt, dass »nichts real« sei. Nun seien die Menschen aber wieder bereit, das zu nennen, »an was sie mit ganzem Herzen glauben«, etwa an die »Größe ihrer eigenen Nation«.

In einem Leserbrief bringt sich die Wut auf den Punkt: Jane Farrel aus einer Kleinstadt in Arizona bezog sich auf Sontags Aussage aus ihrem Text, nämlich: »Lasst uns nach Kräften gemeinsam trauern. Aber lasst uns nicht gemeinsam dumm sein« (vgl. hier S. 37):

> »Man muss kein Hurra-Patriot sein, um von diesen Worten zutiefst beleidigt zu werden. Jeder intelligente Leser kann sehen, dass Sontag keinerlei Trauer fühlte[9] und ungeduldig wurde mit denen, die solches taten. Es ist schon ironisch, dass die, die ein mit Preisen ausgezeichnetes Buch wie »Regarding the Pain of Others« geschrieben hat, unfähig zu sein scheint, mit jenen Sympathie zu fühlen oder auch nur deren Schmerz zu begreifen, die nur vierzig Blocks südlich von ihrem Zuhause waren.«

9 In Nachdrucken des Essays war der einleitende Satz, »Der entsetzten, traurigen Amerikanerin und New Yorkerin [...]« (im vorliegenden Band S. 35) aus welchen Gründen auch immer weggelassen worden.

Sie selbst reiste nach dem Angriff so schnell wie möglich von Berlin nach New York und besuchte *Ground Zero*: Sie war geschockt, auch über den Hass, der ihr entgegenschlug, und versuchte in der Folgezeit, ihren Text in der Öffentlichkeit kommentierend zu vermitteln: Sie wisse, was ein radikaler Standpunkt sei, sie habe gelegentlich selbst einen solchen vertreten, habe aber nicht einen Moment lang gedacht, »dass mein Essay radikal war oder auch nur nonkonformistisch. Er erschien mir als *common sense*«.

Sontag erhielt zu Lebzeiten zahlreiche Preise, u. a. 1978 den National Book Critics Circle Award on Photography und 2000 den National Book Award in den USA, 2001 den Jerusalem Prize for the Freedom of the Individual in Society (dessen Preisverleihung zum Eklat geriet), 2003 den Friedenspreis des deutschen Buchhandels (der Verleihung blieben der damalige amerikanische Botschafter sowie die damaligen Bundespräsident Rau, Bundeskanzler Schröder und Bundesaußenminister Fischer fern)[10] und im selben Jahr den spanischen Prinzessin-von-Asturien-Preis. 2004 starb sie am 28. Dezember an Leukämie und wurde auf dem Friedhof von Montparnasse in Paris beigesetzt.

Im Tagebucheintrag vom 27. Mai 1978[11] fasst sie ihre Wünsche zusammen: Es gebe drei Gruppen von Schriftstellern, nämlich jene, die »für in derselben Sprache schreibende Zeitgenossen« Maßstab geworden seien, dann zweitens diejenigen (wie Walter Benjamin), denen dies »in ganz Europa, Amerika, Japan etc.« gelungen sei, und schließlich drittens diejenigen, die »für kommende Generationen in vielen Sprachen zum Maßstab würden« (wie Franz Kafka): »Im ersten Team bin ich schon, und kurz davor, in das zweite aufgenommen zu werden – aber ich will nur im dritten spielen«.

10 Laut Auskunft von Bundeskanzler a. D. Gerhard Schröder befand er sich zu diesem Zeitpunkt mit seinem Außenminister auf offiziellem Staatsbesuch in Frankreich. Sein Fernbleiben habe also nichts mit der Person Susan Sontag (mit der er in »engem Meinungsaustausch« gestanden sei) zu tun.

11 Sontag (s. Anm. 1) S. 438 f.